U0922814

# 柴科夫斯基致梅克夫人书信选

〔俄〕彼得·伊里奇·柴科夫斯基 著
高士彦 选译

人民音乐出版社·北京

# 目 录

**译序　柴科夫斯基及其书信** *i*

**第一次通信** *vi*

## 谈音乐

这纯粹是个抒情的过程 003

灵感并非召之即来的客人 006

我是怎样工作的 009

从草稿到定稿的工作阶段 020

我绝不认为音乐专家是永不犯错的 023

我现在也和当年一样，对自己不满 025

什么是标题音乐 026

它使我产生了多么矛盾的感觉 029

最大的幸福是世上有另一个与我相知的心灵 032

我过去和现在都是以一颗挚爱的心真诚地创作 034

从事理论研究的音乐家和作曲家之间有极大差异 035

## 谈作品


**歌剧《督军》(Op. 3)** 039

音乐总体来说是极薄弱的 / 一部非常糟糕的歌剧

**第一交响曲《冬日之梦》(Op. 13)** 043

不知您是否了解我的这部作品

**歌剧《铁匠瓦库拉》(Op. 14)** 044

这部歌剧虽然没有轰动一时

**第二交响曲(Op. 17)** 046

他的失信却给我带来便利 / 理想之路无止境

**交响幻想曲《暴风雨》(Op. 18)** 049

有人奇怪而意味深长地微笑着

**第一钢琴协奏曲(Op. 23)** 051

我在第一钢琴协奏曲第一乐章中也曾多多少少运用过这种歌调 / 钢琴和乐队的配合则完全是另外一回事

**歌剧《叶甫盖尼·奥涅金》(Op. 24)** 054

请原谅我如此为普希金辩护 / 我还从来没有像写这部歌剧那样顺利地写过任何一部作品 / 我的离职与《奥涅金》的问世备受此地音乐界关注

**交响幻想曲《里米尼的弗兰切斯卡》(Op. 32)** 059

这其实不过就是一种偏见

**小提琴协奏曲（Op.35）** *061*

创作完全不再具有劳动性质 / 我已经结束小提琴协奏曲的第一乐章 / 另一个行板 / 我要为协奏曲的第一乐章略作辩护 / 这不是可笑的评论吗 / 必须告诉您一个非常奇怪的消息

**第四交响曲（Op.36）** *071*

我极愿把它题献给您 / 我将在自己的交响曲上写明“献给我的朋友” / 我们的交响曲稍有进展了 / 这部交响曲是否有明确的标题 / 我是一个地地道道的俄罗斯人 / 我十分喜爱自己的这个“孩子” / 一旦失去了管弦乐的音质之美 / 多希望能在不被人认识和注意的情况下欣赏自己作品的演出 / 我不能也不善于讨好听众 / 这是我的一部交响乐佳作

**歌剧《奥尔良少女》** *093*

要另找一处静僻的地方工作 / 要收集所需要的东西来启动歌剧 / 在拿到脚本之前，我无法全身心地投入创作 / 歌剧应该是所有音乐体裁中最具普及性的 / 一幅完整的“画面” / 愉快的时刻之一 / 又添了一桩麻烦事 / 这种腐朽气氛令我恶心 / 这一场全部遭禁了

**第一组曲（Op.43）** *108*

将由五个乐章组成 / 鲁宾斯坦抱怨组曲难度太大 / 只是为了使组曲免于节奏单调

**第二钢琴协奏曲（Op.44）** *114*

我意识到自己缺乏工作 / 我的音乐新生儿开始成长 / 这

一切给巴黎带来一种非常特别的景象 / 我的协奏曲草稿完成了 / 我希望这次他也会改变看法

**《意大利随想曲》(Op.45)** *120*

我开始用民间主题创作 / 它的动人归功于主题 / 乐队是精彩而华丽的

**《弦乐小夜曲》(Op.48)** *124*

我还不知道要选择哪一个 / 我写下了未来作品的三个乐章 / 那的确只是音响游戏

**《1812序曲》(Op.49)** *130*

序曲将是十分响亮热闹的 / 这个突然的小小灾难令我很担心

**钢琴三重奏(Op.50)** *132*

您问我为什么不写三重奏 / 能否写完，能否成功，我不知道 / 现在我对这项工作有了兴趣 / 初稿今天早晨完成了 / 我担心它不能符合原来的意愿 / 大家都很称赞 / 这令我受宠若惊

**歌剧《马捷帕》** *141*

您问我为何选择这个题材 / 它现在已经茁壮成长了 / 从来没有一部大型作品像这部歌剧那样令我犯难 / 我的工作在缓步前进 / 也许这样他们就不会说我没有能力写一部好歌剧了 / 今天是第一场演出 / 几乎因忐忑和害怕而发狂 / 我从没想到，我的音乐在这里如此闻名

**第二组曲（Op. 53）** *154*

但我不打算急于求成 / 我却被一种不可战胜的创作力量占据 / 配器将在一个星期内就绪 / 人们称赞不已

**《儿童歌曲16首》（Op. 54）** *159*

这项工作很吸引我

**第三组曲（Op. 55）** *161*

最近我特别喜爱组曲这一形式 / 我从来没有体验过如此成功

**《曼弗雷德》（Op. 58）** *164*

我正在创作一部非常吃力的、复杂的交响乐作品 / 一想到它难度极高，我就非常担心 / 听众不太理解这部作品

**第五交响曲（Op. 64）** *169*

我向往着一部新的交响曲 / 现在灵感似乎已经到来 / 现在还很难说这部交响曲的结果会怎样 / 我感到心满意足 / 这结果令我很欣慰 / 莫非我已是所谓的才华耗尽 / 一部失败之作 / 在那儿我如同一位受人爱戴的老友

**芭蕾舞剧《睡美人》（Op. 66）** *183*

整座城市的喧嚣都让我难以动笔 / 已经写下了芭蕾舞剧的整整两幕 / 将是我的佳作之一 / 工作即将结束 / 演出从一天推迟到另一天 / 我的芭蕾舞剧终于要在1月3日上演

**歌剧《黑桃皇后》(Op.68)** *190*

我选择了普希金的诗作 / 而这部歌剧连一个音符还没写出来 / 我正在圣彼得堡给您写信

## 谈音乐家

**莫扎特(1756—1791)** *197*

这是伟大艺术家理想的化身 / 两位气质不同的艺术家之间是可以相互欣赏的

**贝多芬(1770—1827)** *202*

贝多芬和米开朗琪罗这两人的气质不正是很相近的吗

**柏辽兹(1803—1869)** *204*

他有时达到了不可企及的高度 / 我并非要说这是我最喜欢的作品

**格林卡(1804—1857)** *207*

他并没有完成他所肩负的使命 / 格林卡是一个多么特殊的现象

**拉罗(1823—1892)** *213*

他们不像德国人那样遵守既定的传统

**勃拉姆斯(1833—1897)** *215*

我理解不了他的魅力 / 他的音乐没有经过真挚情感的加温

**圣-桑（1835—1921）** *218*

它比我的幻想曲更薄弱 / 他在戏剧音乐领域几乎不会大有作为

**拉罗什（1845—1904）** *220*

这位天赋甚佳者因为意志不坚

**塔涅耶夫（1856—1915）** *221*

他对自己缺乏信心 / 唯一胜任院长一职的人

**帕胡尔斯基（1859—1921）** *225*

应该鼓励和帮助他学习

**“强力集团”** *227*

以上是我对这几位先生的坦率看法 / 我尊敬和爱戴所有诚实和有才能的音乐家

## 旅行音乐见闻

意大利人的节奏感令我很感兴趣 *239*

我终究是，而且永远是心向俄国的 *241*

每个意大利人都是天生的好歌手 *243*

继续生活在不折不扣的冬季气候之中 *247*

我饶有兴趣地观察着合唱指挥 *249*

很难设想会有比这更加理想的住处了 *251*

幸福生活的时光只有离开时才感到珍贵 *253*

# 译序
# 柴科夫斯基及其书信

柴科夫斯基既非出身音乐世家，又非神童。他出生于一个矿业工程师家庭，虽然童年时期受过一定程度的音乐教育的熏陶，但在法律学校攻读七年的经历给他规定的不外乎是仕途生涯。1859 年 5 月，柴科夫斯基从法律学校毕业，在司法部任文职。1861 年，柴科夫斯基在父亲的支持下进入俄罗斯音乐协会在圣彼得堡创办的音乐学习班学习。1862 年 9 月，圣彼得堡音乐学院（初名圣彼得堡音乐学校）正式成立，原音乐学习班师生转入音乐学院。1863 年 5 月，矢志献身音乐事业的柴科夫斯基毅然辞去公职。

1865 年自圣彼得堡音乐学院毕业后，柴科夫斯基应尼古拉·鲁宾斯坦之邀，于 1866 年 1 月初赴莫斯科任教，从此开始了他的教学和创作生涯。在作为作曲家的事业初期，其艰辛是可以想见的：积极参与莫斯科音乐学院筹建工作；在音乐学院教授和声与基本乐理课程，课时不多，收入相应较少；只能利用业余时间投入创作。人们从他写给众亲友的书信中可以看到他从早期拼搏、初见成效到声誉确立的全过程。

柴科夫斯基给世人留下了他寄给亲友的大量书信：在克林国立柴科夫斯基故居博物馆收藏的书信超五千封；在十七卷的《柴科夫斯基作品全集：著述与书信》（鲍里斯·阿萨菲耶夫主编，莫斯科：音乐出版社，1953 至 1981 年）中，书信占了十三卷（第五卷至第十七卷）。在现存的书信中，一部分以谈创作为主线，涉及其交响乐、歌剧、舞剧、室内乐等领域的主要作品；另一部分侧重反映了他的生活行述、处世哲学与个人感情生活（亲子之情、手足之情、恋情）等方面。巴尔扎克说过这样一句名言："我的生活即创作。"以此形容柴科夫斯基的一生也是十分贴切的。从他的书信中，人们可以看到他一生大致分为四个时期：19世纪60年代初绝意仕途而献身音乐；1866至1877年于莫斯科开展创作事业；1877至1878年婚姻挫折、出国，创作第四交响曲、歌剧《叶甫盖尼·奥涅金》等名作；1880至1889年饮誉国内外及1893年辞世。

1876年，柴科夫斯基结识了音乐赞助人娜杰日达·菲拉列托夫娜·冯·梅克（简称梅克夫人），开始了他们之间长达十四年互不谋面的通信交往，由此构成了一段长久流传的乐坛佳话。本书选译了柴科夫斯基各时期写给梅克夫人的信件，限于篇幅采用摘译选编的方式，特此说明。

柴科夫斯基一生留下了大量书信。通常人们写信，主要是表达自己的意愿，并无供传世之需。因此，其情感的真切更值得重视。他的书信已编入《柴科夫斯基与塔涅耶夫书信集》（莫杰斯特·伊里奇·柴科夫斯基编订，莫斯科：尤尔根松音乐出版社，1916 年）、《柴科夫斯基与尤尔根松书信集》（瓦西里 · 日丹诺夫、尼古拉 · 热金编注，两卷，莫斯科：音乐出版社，1938 至 1952 年）、《柴科夫斯基与梅克夫人书信集》（瓦西里 · 日丹诺夫、尼古拉 · 热金编注，三卷，莫斯科：学术出版社，1934 至 1936 年）等出版物。自《柴科夫斯基作品全集》（帕维尔 · 拉姆、瓦西里 · 亚科夫列夫等编订，六十三卷，莫斯科：音乐出版社，1940 至 1990 年）问世后，又有大量柴科夫斯基书信得以公开，成为后世研究领域写作柴科夫斯基传记的依据。

与上述百年来浩如烟海的柴科夫斯基传记、书信等出版物相比，本书只能算是为国内柴科夫斯基音乐研究者和柴科夫斯基音乐爱好者提供的参考，希望能起到抛砖引玉的作用。*

高士彦

* 本书由高士彦（笔名逸文）选译、人民音乐出版社出版的《柴科夫斯基论音乐创作》（1984 年）、《柴科夫斯基书信选》（2000 年）整理、修订而成。为集中展现柴科夫斯基的所思、所想、所感，本书将所收录的选译信件整理为四个部分：谈音乐、谈作品、谈音乐家、旅行音乐见闻。其中，谈音乐、旅行音乐见闻部分，按照通信时间排序；柴科夫斯基谈自己（转下页）

（接上页）的作品、谈各时期音乐家（及相关作品）部分，分别以其作品的编号（和作品完成时间）、所提音乐家生年作为次级排序（包含多人的“强力集团”放在最后），以期可以较为清晰地呈现其作品的创作历程、对各时期音乐家及作品的态度，方便读者集中了解、查阅。次级排序下的信件也按照通信时间排序。

结合多年来读者的反馈与逐渐丰富的参考资料，除了逐字逐句对照俄文原文校订外，本书对信中提到的人物、作品、机构、团体等尽可能加注，以便读者理解（若无特殊注明，脚注均为中译本编辑所加）。若读者想进一步了解，可从《牛津音乐词典》（第六版，北京：人民音乐出版社，2023 年）中查阅。部分注明网址的脚注内容和全部插图来自俄罗斯网站（www.tchaikov.ru），该网站资料均由可靠机构、专业学者提供，包括：克林国立柴科夫斯基故居博物馆馆长加林娜·别洛诺维奇与首席研究员波琳娜·瓦伊德曼等，国立艺术研究院首席研究员柳德米拉·科拉别利尼科娃等。该网站对出版物提供了授权声明：在说明来源的前提下，所有资料可无偿使用。授权声明原文：© 2003—2018 «Чайковский». Все права защищены. Использование материалов сайта разрешается при обязательной установке активной гиперссылки на сайт Tchaikov.ru (www.tchaikov.ru) рядом с опубликованным материалом, для печатных изданий — с формулировкой «по материалам сайта Tchaikov.ru».

# 第一次通信

俄国富商遗孀、音乐爱好者和赞助人梅克夫人作为音乐赞助人而留名于史。她自幼受过良好教育，会弹钢琴。丈夫去世后撑起家族经营事务，音乐成为她唯一的快乐源泉。在了解到作曲家柴科夫斯基的经济困难后，她决定以订购作品、支付酬劳的方式提供经济资助。1876年12月18日，梅克夫人向柴科夫斯基寄出了第一封信，表达对其音乐作品的喜爱和感谢。信中写道：

> 我认为，向您表达您的作品给我带来的何等喜悦，是不适当的，因为您不习惯这样的赞美，而且在音乐方面如我这般微不足道的崇拜，可能在您看来仅仅是可笑的。但我如此珍视我的快乐，不想这份快乐遭到嘲笑，所以我只想说一句，并恳请您照字面相信这句话：有了您的音乐，生活会变得轻松一些、愉快

一些。请接受我诚挚的敬意和最真切的忠诚。娜杰日达·菲拉列托夫娜·冯·梅克。

当时三十多岁的柴科夫斯基正在成立不久的莫斯科音乐学院任教，课时不多，收入较少，平时利用业余时间创作。收到梅克夫人来信的第二天，他在回信中写道：

尊敬的女士！娜杰日达·菲拉列托夫娜！承蒙垂青，欣得来信，谨致深切谢意。我想表达的是：当一位音乐家在遇到挫折和种种阻力时，想到还有包括您在内的少部分人如此真诚地热爱着我们的艺术，内心就会感到宽慰。向您致以由衷的真诚和敬意。彼得·伊里奇·柴科夫斯基。

由此，开始了他们长达十四年的通信。

娜杰日达·菲拉列托夫娜·冯·梅克（1831—1894）

彼得·伊里奇·柴科夫斯基（1840—1893）

# 谈音乐

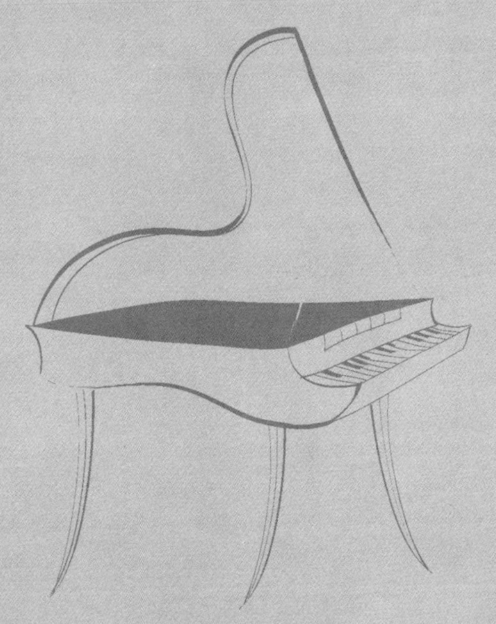

## 这纯粹是个抒情的过程

1878年2月17日*

佛罗伦萨

[……]** 如何表达创作无明确标题的器乐作品时所体会到的那种模糊的感觉呢？这纯粹是个抒情的过程。这是心灵的音乐自述，从本质来说是内心积累的诸多感受借音响而流露，就像抒情诗人以诗歌述怀一样。区别仅仅在于，音乐具有无比强大的手段和更加精妙的语言去表达千百种不同的内心情绪的瞬间。未来作品的“种子”经常是以十分出人意料的方式突然出现的。如果土壤适宜，也就是说，如果有创作的兴致，这“种子”就会以不可思

* 若无特别说明，本书信件中所提日期均是俄历（即儒略历）。

** 由于一些信件原文长达数页，选译后的省略部分表示为方括号加省略号，即“[……]”。

议的力量和速度生根、出土、生叶，最后开花。我除了用这种比喻以外，无法对创作过程作其他解释。创作过程的全部困难在于“种子”的出现和是否会遇到有利于创作的条件，其余的一切便都会迎刃而解。

当主要乐思出现并开始生成为明确的形式时，我的满心愉悦是难以用言语向您形容的。我会忘掉一切，像疯了一样，内心的一切都在战栗，我会匆忙地写下草稿，一个乐思紧追着另一个乐思。有时在这神奇的过程中，突然受到外来冲击，便会从这种梦游般的意境中惊醒，比如有人按门铃，仆人进来了，钟声响起，被提醒应该处理事务……这种中断是令人难受的，难以言表的难受。有时灵感暂时离开，有时不得不寻找它，有时却是枉然。很常见的情况是，需要一种十分冷漠的、理性的、技术性的工作过程来提供支持。也许因此，人们便会在最伟大的名家的作品中看到缺乏有机连接之处、漏洞之处，因为整体中的局部是被勉强黏合在一起的，但这是不得已而为之的。

可如果被称作灵感的、我向您描述的那种艺术家的精神状态不断持续存在，那是一天也活不成的。琴弦将绷断，乐器将震碎！只有一件事是必须做到的：主要的乐思和所有个别段落所构成的总体轮廓是自然而然出现的，并非刻意寻求而得，这就是那种超自然的、不可捉摸的、无可解释的力量——所谓灵感——带来的结果。[……]

## 灵感并非召之即来的客人

1878年3月5日

克拉朗

亲爱的朋友，来信收到，我十分愉快地读了您的来信，将按顺序回答您的问题。我很乐意和您谈谈我所掌握的创作过程。至今我还从来没有对任何人解释过精神生活的这类神秘表现，一部分原因是很少有人就此提问，另一部分原因是提问者没有引起我作出应有回答的意愿。正是对您，我才特别愿意谈谈创作过程的种种细节，因为我发现您对我音乐的反应最为敏锐。从来没有人（除我的弟弟们外）像您这样以自身的共鸣令我如此高兴。您要知道，这种共鸣对我来说是何等珍贵，我得此幸事的机会又是何等稀少！

有些人打算使您相信，音乐创作是一项冷漠

的、理性的工作，您别信他们的话。只有从艺术家受灵感激发的精神深处所涌现出来的音乐才能触动、震撼和打动人。毫无疑问，即便是最伟大的音乐天才，有时也会在未受灵感激发的情况下工作，灵感并非召之即来的客人。可是，工作应该持续进行，一位真正的、正直的艺术家不可能借口兴致不佳而无所事事。如果只是等待兴致而不打算去加快兴致到来，那就很容易陷于慵懒和迟钝。要有耐心和信心，谁善于克服自己的毫无兴致，灵感就会显现在谁身上。我今天就遇到了这样的情况。几天前，我曾经写信给您，说我虽然每天工作，但提不起兴致来。假如我屈服于无心工作的状态，可能会久久一事无成，但信心和耐心从来没有舍弃我。今天，从清早开始，我向您谈过的那种不可理解、来历不明的灵感之火便笼罩着我，凭着这种灵感之火，我预料到自己今天所写的一切将会具有打动人心、深入人心的特质。如果我说，自己很少遭遇上述兴致不佳的情况，我相信您不致怀疑这是自我吹嘘。这是因为我天生具备耐心，并使自己习惯于在任何时候都不会甘于毫无兴致。我学会了克制自己。我庆幸自己没有仿效“那些”俄国同人，他们苦于自信不足、缺乏耐力，碰到一点困难就宁愿罢手休息。因此，他们尽管颇有才华，却写得如此之少和如此业余。[……]

# 我是怎样工作的

1878 年 6 月 24 日

卡缅卡

亲爱的娜杰日达·菲拉列托夫娜，来信收到，即刻回复如下。您说希望了解我创作的过程？我的朋友，这问题很难讲透，因为每一首作品的问世情况截然不同。但我仍将尽力对您概略地谈谈我是怎样工作的。

首先，我要将我的作品分成两类，这对于说明创作过程是十分重要的。

第一类作品是我自发创作的，是直接的兴趣和不可抗拒的内在需要的结果。

第二类作品是出于外部的推动，应友人或出版人的请求，根据预约而作的，比如，为了博展览会揭幕而约我写的康塔塔[①]，或者音乐协会[②]理事会为红十字会举办音乐会而约我写的一首进行曲（塞尔维亚—俄罗斯主题的进行曲）[③]，等等。

但要声明：根据经验，我清楚作品的质量与它所属的分类无关。经常有这样的情况：属于第二类的作品，虽然它问世的最初动力来自外部，但却十分成功；反之，我自己构思的作品由于额外的状况而不太成功。这些额外的状况具有重要影响力，因为创作时的精神状态与此有关。艺术家在创作时需要十分冷静，就这方面来说，包括音乐创作在内的艺术创作，始终是客观的。谁要是认为创作

---

① 1872 年夏季，在莫斯科举办了规模盛大的全俄博览会，以纪念彼得大帝诞辰 200 周年。柴科夫斯基受邀于同年创作了一首为合唱团与管弦乐队而作的康塔塔，采用波隆斯基的诗为词，作品在博览会揭幕式上首演。——译注

② 即俄罗斯音乐协会，该协会在安东·鲁宾斯坦的倡议下成立于 1859 年，理事会成员包括安东·鲁宾斯坦、斯塔索夫、巴拉基列夫等专业音乐家。协会活动包括组织音乐会、开设教育机构、邀请国外知名音乐家来访等。

③ 即创作于 1876 年的《斯拉夫进行曲》（Op.31，降 B 大调）。作品引用了两首塞尔维亚民歌，部分旋律和节奏带有俄罗斯民间色彩，最后加入了俄国国歌旋律。作品描写了在 1876 年塞尔维亚与奥斯曼帝国的战争中，塞尔维亚在俄国援助下取得胜利。

中的艺术家在情感激动的时刻能够运用他的艺术表现手法去表达当时的感受，那就错了。悲伤和愉快的情感始终是所谓回忆式地呈现的。虽然没有特殊原因而感到快乐，我却能满怀愉快的创作情绪；反之，处于幸福的状态下，我也能写出充满阴郁和绝望情绪的作品。总之，艺术家过着双重生活：一般人的生活和艺术家的生活，而这两种生活有时并非同时并存。尽管如此，我要重申，创作的主要前提是远离并忘记一般人的生活，哪怕只是短暂远离和忘记，把自己暂时地完全交给艺术家的生活。而我则走向了一个极端，一直把自己完全交给后者。

对于第一类作品来说，不需要任何哪怕是最微小的意志力，只要依从内心的声音。如果一般人的生活没有发生令人遗憾的意外而严重影响到艺术家生活的话，工作将开展得异常顺利。你会忘掉一切，一种完全不可捉摸、难以言传的甜蜜会使心灵战栗，你根本不可能追逐心灵飞去的方向，时间在不知不觉中流逝。这种状态会带有某种梦游因素，你感觉不到自己的存在。我无法向您讲述这样的时刻。在这种情况下出于笔端或只是形成于脑海中的种种，都是出色的（因为没有东西可写、没有东西可想的情况是常有的）。倘若没有任何外来冲击将我带回日常的生活，那么，我所写、所想的一切定将完美地呈现一个艺术家所能做的一切。不幸在于，外来冲击完全不可避免，一个人必须办公、被唤去午餐、接收来信，等等。所以在美感上通篇皆平衡的作品是如此稀少，疏误、堆砌、不均衡、不一致之处便就此产生了。

为了写第二类作品，有时要使自己振作起来，必须经常克服懒散和缺乏兴致，然后会出现种种意料之外的情况。有时胜利来得很容易，有时灵感消失不见。但我认为，艺术家的责任就是永不罢休，因为人的懒散劲头是很强的。对于一个艺术家来说，没有比陷于懒散更差劲的了，不能一味等待，灵感是一位不爱拜访懒汉的客人，这位客人会靠近那些呼唤它的人。[……] 必须战胜自己，不能陷

于不求甚解，因为即便是像格林卡[①]那样的巨大天才也犯有此病。[……]

总之，我已向您说明：我的创作，或者是根据内在的意愿，受更高的、难以分析的灵感力量所促发；或者只是单纯地写着，召唤那种应邀而来或不来的力量，而在它不来的情况下，笔端将会出现欠缺真实感情的作品。[……]

我的朋友，如果告诉您，我对灵感的呼唤几乎从来没有落空，希望您别怀疑这是自我吹嘘。可以说，那种力量，我在之前提到的那位变化莫测的客人，早就熟悉我了。我们已经难以分离。只有当环境以某种方式困扰了我的日常生活而令那位客人自感多余的时候，它才离我而去。但是乌云一旦消散，它就又在这儿了。总之，我在情绪正常的情况下，在一天的任何时刻和任何情况下，可以说是一直从事创作的。有时，我满怀好奇地观察在我脑海

---

① 米哈伊尔·伊万诺维奇·格林卡（1804—1857），俄国作曲家，被誉为俄罗斯民族乐派奠基人。代表作品有歌剧《伊万·苏萨宁》和《鲁斯兰与柳德米拉》、管弦乐《卡玛林斯卡亚》和《马德里之夜》等。

中专用于音乐的那一部分正在进行的、连续而自动的工作（尽管我当时在交谈或会客），有时是一种准备工作，是对计划中的某一乐段的声部进行细节处理；有时则出现一个崭新的、独立的乐思，得将它牢记。而这现象从何而来，是个难解之谜。

接下来我打算对您谈谈我的创作步骤。我把这个话题留到午饭之后。再会。但愿您能知道，向您写信谈这一问题，于我是多么困难，但同时又是多么愉快。

下午两点，继续写回信。

我将草稿写在随手的纸上，有时写在一小块谱纸上。我写得十分简略。旋律出现时总有和声伴随着。一般来说，这两种音乐要素连同节奏从来都不能彼此分离，也就是说，一切关于旋律的念头都带有潜在的和声，并必然带有节奏的处理。如果和声很复杂，我就立即在草稿上写下声部进行的细节；如果和声很简单，我有时就只写下低声部，有时则记下数字低音，有时就根本不记低音，仅凭借记忆。至于配器，如果就乐队而言，那么乐思出现时就已经自带配器了，但有时在配器过程中，原来的意图会改变。词向来不能作于曲之后，因为既然是依词谱曲，词就会要求合适它的音乐表现。当然，也可以为一首小曲填词，让词迁就小曲，但只要是严肃的创作，就不该用依曲填词的方法。[……]而先写一部交响作品，然后再为它加一个标题，这也是不行的，因为每一个片段都要对标题进行相应的音乐刻画。[……]

草稿这个工作阶段是十分愉快和有趣的，有时会带来难以言表的喜悦，与此同时也伴随着焦虑和神经紧张的兴奋。在这种状态下，有时会废寝忘食，但落实构想时却是心境平和的。一部完全成熟的、细节已经在脑海处理就绪的作品，为它配器是一件愉快的事。但誊写一首钢琴曲或一首单声部小曲却谈不上愉快，有时会令人感到枯燥，我现在正在做这项工作。

您问我是否遵循既定的曲式？可以说是，也可以说否。有这样一类作品，比如像交响曲，就需要遵守已知的曲式。在这方面，一般情况下，我坚持按照传统的曲式。但只是在一般情况下，即乐章的次序上，而在细节上则可以随意变化，如果当前乐思的发展需要这样做的话。比如，在我们的交响曲[①]里，第一乐章就是大有变化的：第二主题本该用近关系大调，我却用了远关系小调；当主部再现时，完全没出现第二主题，等等。末乐章也在许多方面不同于传统曲式。在一切以词为依据的声乐作品中，以及在幻想曲（如《暴风雨》和《里米尼的弗兰切斯卡》）中，曲式是完全独立的。

至于您问起依据和弦音而构成的旋律，我可以向您明确地说明并举例证明：利用节奏，以及对和弦音的重新安排，就可以从中构成千百万崭新的、美妙的旋律组合。当然，这是说主调音乐。在复调音乐中，此种旋律的构成将有损于声部的独立性。在贝多芬[②]、韦伯[③]、门德尔松[④]、

---

① 指题献给梅克夫人的第四交响曲。——译注

② 路德维希·范·贝多芬（1770—1827），德国作曲家、钢琴家，被后人评价为“集古典主义大成，开浪漫主义先河”。作有歌剧《菲岱里奥》、9 部交响曲、5 首钢琴协奏曲、32 首钢琴奏鸣曲，以及多首室内乐作品和声乐套曲《至远方的爱人》等。

③ 卡尔·马里亚·冯·韦伯（1786—1826），德国作曲家、指挥家，浪漫主义音乐代表人物。代表作品有歌剧《魔弹射手》、管弦乐《邀舞》，以及多首室内乐、声乐作品等。

④ 雅各布·费利克斯·门德尔松（1809—1847），德国（转下页）

舒曼[①]的作品中，特别是在瓦格纳[②]的作品中，经常可以看到以三和弦音构成的旋律，而有才华的音乐家总是能创造出新颖而美妙的旋律。您可记得《尼伯龙根的指环》中“剑”的旋律是多么美妙吗？

（接上页）作曲家、指挥家，浪漫主义音乐代表人物。代表作品有《意大利交响曲》和《苏格兰交响曲》、序曲《平静的海与幸福的航行》、戏剧配乐《仲夏夜之梦》、钢琴作品《无词歌》（48首），以及多首协奏曲、弦乐四重奏和声乐作品等。门德尔松在巴赫逝世多年后的1829年指挥了《马太受难曲》的首次公演，从而促进了巴赫作品的复兴。

① 罗伯特·舒曼（1810—1856），德国作曲家、钢琴家、音乐评论家，浪漫主义音乐代表人物。代表作品有歌剧《格诺费娃》、戏剧配乐《曼弗雷德》、4部交响曲、钢琴作品《狂欢节》、声乐套曲《桃金娘》与《妇女的爱情与生活》，以及多首管弦乐、室内乐作品等。1834年创办《新音乐杂志》并任主编，所撰数篇乐评文章颇具历史影响。

② 里夏德·瓦格纳（1813—1883），德国作曲家、指挥家，浪漫主义音乐代表人物。代表作品有《罗恩格林》《尼伯龙根的指环》《纽伦堡的名歌手》等多部歌剧，以及多首管弦乐、钢琴、声乐作品等。所提“乐剧”理论集中见于其著述《歌剧与戏剧》《未来的音乐》，另著有自传《我的一生》。

我十分喜爱威尔第[1]（他极有才华）在歌剧《假面舞会》中写的一个旋律：

而鲁宾斯坦[2]的《海洋》第一乐章中的乐思又是多么清新动人！

如果搜索记忆，我还可以向您举出许多例子以证明我的观点。全部问题在于才能，才能无止境，有才能就可以从无到有地创造出美妙的音乐。

且看，还有能比下列旋律更庸俗的吗？

贝多芬的第七交响曲：

---

① 朱塞佩·威尔第（1813—1901），意大利作曲家，浪漫主义音乐代表人物。代表作品有《茶花女》《假面舞会》《阿依达》等多部歌剧，其中包括取材于莎士比亚戏剧的《麦克白》《奥赛罗》《法尔斯塔夫》，另作有多首合唱作品、歌曲等。

② 安东·鲁宾斯坦（1829—1894），俄国钢琴家、作曲家。1862 年创建圣彼得堡音乐学院。作有《恶魔》等 20 部歌剧、《海洋》等 6 部交响曲，以及多首协奏曲、室内乐、钢琴、声乐作品等。

或格林卡的《阿拉贡霍塔舞曲》：

然而，贝多芬和格林卡用它们建起了多么美妙的音乐大厦！［……］

# 从草稿到定稿的工作阶段

1878年6月25日

卡缅卡

此信是昨天的继续。您担心在与我谈论音乐时错误地使用了技术性的音乐用语。我坦诚地告诉您，即便您偶尔不太正确地使用过技术性的音乐用语，那也是我从未察觉到的极少错误，我的注意力从来没有放在这上面。您的想法和见解，我始终都能理解，哪怕其中有表达不准确之处。无论如何，我从来没有在您的评语中发现过什么令人见笑之处，与此完全相反，我从中见到的专业音乐知识是最有修养的音乐爱好者也很少具备的。我亲爱的朋友，请您不加犹豫地把您对音乐的一切想法都告诉我吧，如果有音乐用语使用不准之处，我一定向您提供我的意见和说明。

我昨天对您谈到创作过程时，没有足够清楚地说明从草稿到定稿的工作阶段。这个阶段意义重大。那些趁热写出的东西，随后还得经过有鉴别力的检验、修改、补充，尤其是要按曲式的要求加以精简。有时要对自己狠一些，即无情而严格地删掉那些以热情和灵感构想出来的部分。虽然我从不缺乏幻想力和独创性，但却总是对自己无力精修曲式而苦恼。通过不懈努力，我现在才使自己作品中的曲式或多或少地与所表达的内容相一致。过去我曾一度十分轻率，没有充分认识到认真检查草稿是多么重要，因此在我的作品中经常有明显的“缝隙”，使按序排列的各个片段之间欠缺有机的融合。这个缺点曾经非常严重，经过多年来的逐渐进步，才有所改善。但我的作品永远不会成为曲式的典范，因为我只能改善，不能完全根除我与生俱来的音乐特质。我也远不认为自己已经达到能力成熟的高峰，我离它还很远。但我高兴地看到，自己毕竟是在沿着这条道路逐步走向完美的，并热切希望尽己所能达到完美的顶点。因此，我昨天说的直接从草稿上誊写作品，这话是不准确的。这过程不只是誊写，而且要认真审视所构思的一切并加以修改，虽偶有补充，但更常是精简。

柴科夫斯基创作笔记

## 我绝不认为音乐专家是永不犯错的

1878年11月30日

佛罗伦萨

[……] 不协和是音乐最有力的力量：如果它不存在，音乐就注定只能描绘恒久的幸福，然而，我们在音乐中最看重的是它对我们的激情、痛苦的表达能力。协和音的组合在令人感动、震惊、激动方面是无力的，因此不协和具有重要的意义，但在运用上则需要技巧、品位和方法。

[……] 当我们为一些音乐作品争论不休时，看在老天的份上，亲爱的朋友，不要以为我是讲台上获得专利的艺术家，只发言而不必聆听对立意见。当然，我对那些无礼和无知的人关于音乐的空谈毫无兴趣，他们盲目否认所有高于他们理解力的东西，并一劳永逸地认定，除奥芬巴赫以外的任何人写的音乐都是深奥的数学计算的结果。不过与您

这样一位因个人品质和相通的音乐天性而令我感到亲切的人发生争论，以及在此过程中向您进行的解释说明，都令我感到非常愉快。此外我要告诉您，我绝不认为音乐专家是永不犯错的。他们的观点经常带有片面性，他们的知识常使他们丧失敏锐：由于关注技术，他们时常忽视音乐的本质。像您这样一位具有非凡的敏锐度和理解力的爱好者，对于每一位最优秀和最博学的音乐家来说，都是当之无愧的交谈对象。[……]所以我亲爱的朋友，不要犹豫，向我畅所欲言您的想法吧。您的话语从来不会冒犯我身为教授的尊严，您很多关于音乐特征的看法都很精彩，很新颖，很有趣，例如，从来没有人像您这样正确归纳过安东·鲁宾斯坦的音乐个性。[……]我与您之间虽常存分歧，例如关于莫扎特[①]的看法，但这又意味着什么呢？要知道许多颇有声望的专业音乐家和您对莫扎特的看法是一样的。

---

① 沃尔夫冈·阿马多伊斯·莫扎特（1756—1791），奥地利作曲家，维也纳古典乐派代表人物，被誉为音乐神童。作有《费加罗的婚礼》《魔笛》等多部歌剧、41部交响曲，以及协奏曲、室内乐、钢琴和声乐作品等。

## 我现在也和当年一样，对自己不满

1878年12月2日

佛罗伦萨

我突然间觉得，事实上，近十年来我进展甚少。亲爱的朋友，我这么说并不是要让您反过来劝慰我。我现在也和当年一样，对自己不满。比如，我还不能说自己哪怕有一首作品是绝对完美的，哪怕是最小的一首！在我所有的作品里，总是看不到自己应该写出来的东西。也许这是件好事！也许这会刺激我去努力创作。谁知道，有朝一日，当我终于对自己满意时，会不会精疲力竭！我所说的都是字面意思，不必回应我。我很清楚，尽管我有不完美的地方，您依然会以您的共鸣，对我鼓励和支持。[……]

## 什么是标题音乐

1878 年 12 月 5 日

佛罗伦萨

[……]什么是标题音乐？因为我和您都不承认由无目的的音响游戏构成的音乐，所以，从广义的观点来看，一切音乐都是标题性的，但从狭义上而言这个名词指如下交响乐或一般而言的器乐曲：它描绘了标题中明确向听众提供的题材，并采用这一题材的名称。贝多芬发明了标题音乐，部分地显现在交响曲《英雄》中，但在第六交响曲《田园》中显现得更为明显。标题音乐的真正奠基者当推柏辽兹[1]，他的每一部作品不仅有明确的标题，而且还附有详

---

① 路易·埃克托·柏辽兹（1803—1869），法国作曲家、指挥家，浪漫主义音乐代表人物。代表作品有《幻想交响曲》《哈罗尔德在意大利》《葬礼与凯旋交响曲》等标题交响曲，《特洛伊人》与《比阿特丽斯和贝内迪克特》等歌剧，以及清唱剧《基督的童年》等。另撰有多篇较具影响的音乐评论。

细的解说，演出时就在听众手中拿着。[1]拉罗什[2]总的来说是反对标题的。他认为作曲家应该让听众随己意愿理解作品，认为标题限制了听众的自由，音乐是不可能描写物质世界和精神世界的具体现象的，而标题则使音乐从一个既有的高度降到了别的较低的艺术中去。与此同时，他却高度评价柏辽兹，认为柏辽兹是卓越的天才，又说，虽然柏辽兹的音乐可以奉为典范，但标题却是多余的。我的朋友，如果您打算了解我对此的见解，我就简单陈述一番。

我认为，交响音乐作曲家的灵感可能有两种：自发的和外来的。在前一种情况下，作曲家在自己的音乐中表达自身的喜悦和痛苦，就像抒情诗人表露他的所谓内在心灵一样，在此情况下标题不仅是

---

① 柴科夫斯基的阐述中未涉及标题音乐的早期历史，而只提及贝多芬和柏辽兹，这是依从了当时的习惯，因为正是贝多芬以后的标题音乐才引起了争论，也可能是因为柴科夫斯基不打算涉及梅克夫人不需要知道的一些细节。——译注

② 格尔曼·奥古斯托维奇·拉罗什（1845—1904），俄国音乐评论家、学者、作曲家。其长篇乐评《格林卡及其在音乐史上的意义》（发表于1867至1868年）在当时颇具影响。

不必要的，而且是不可能的。但后一种情况是，音乐家读到一首诗作，或被大自然的景色感染，打算在音乐形式中表现那种激起他内心灵感的题材，这时标题就必不可少了。我认为，贝多芬本应该给您所提及的那几首奏鸣曲[①]加上标题。总之，在我看来，两者都有完全等同的“存在理由”（raison d’etre）。我无法理解那些只承认两者之一才有理由存在的先生们。不言而喻，并非任何题材都适用于交响乐，正像并非任何题材都适用于歌剧一样。但标题音乐却是可以而且应该存在的，正像不该要求文学可以没有史诗因素而只限于抒情一样。

① 梅克夫人在 1878 年 12 月 5 日来信中谈道：“在我所知的贝多芬奏鸣曲中，有一首描绘了车轮的转动，另一首描绘了夫妻之间的争吵。”——译注

# 它使我产生了多么矛盾的感觉

1880 年 8 月 13 日

卡缅卡

我亲爱的朋友，您的信充满愁绪，它使我也跟着发愁了。[……]

您问我，关于树碑立像一事是否与您抱有同感？当然，我的看法是和您相同的。[①] 荣誉呀！它使我产生了多么矛盾的感觉！一方面，我渴望它，追求它，争取它；另一方面，我又厌恶它。如果我人生的全部意义在于创作，那我就不能不希求荣誉。因为，如果我不断发现需要用音乐的语言表

---

① 梅克夫人在 1880 年 8 月 7 日通信中询问：如果有人要给他树碑立像，他将如何看待。信中接着表示：不愿意想象“自己的全身或半身像耸立在某个底座上，还硬添上一段表彰事迹的铭文。[……] 我很想知道，您对这幅景象会有何感想”。——译注

达，那么，当然就需要有人聆听，我的听众群体人数越多，共鸣圈越大，当然越好。我由衷希望我的音乐能够得到传播，有更多人喜爱，并从中得到慰藉和支持。在这个意义上，我不仅喜爱荣誉，而且它成了我全部严肃工作的目标。但是，唉！每当想起在我的创作名气扩大的同时，对我个人的关注也会增加，我处于众目睽睽之下，总是有无聊又好奇的人打算揭开我试图遮住私密生活的面纱，就使我立即感到沮丧、厌恶，甚至打算永久或长期保持沉默，以求得安宁。每当想到，一旦我确实取得了些许荣誉，对我的音乐的兴趣会激起对我个人的关注，就总是感到很不好受。这不是因为我怕见到阳光，我可以坦然地说，我问心无愧，没有做任何亏心事。可一想到，有朝一日，人们会极力探究我感情和思想的隐秘之处，以及我毕生不愿公之于众的一切时，我就感到非常难过和发愁。亲爱的朋友，在这种希求荣誉和厌恶其后果的斗争之中甚至还有悲剧因素：我像蝴蝶一般，渴望火焰，不断燃烧自己的翅膀。我有时特别想找个地方永远藏起身来，虽生犹死，不闻一切世事，也让其他与我不相干的人把我忘掉……但是，天啊！一旦出现了创作的激情……我就又扑向火焰，再度燃烧翅膀了。

柴科夫斯基纪念雕像
（莫斯科，落成于 1954 年）

# 最大的幸福是世上有另一个与我相知的心灵

1880 年 10 月 24 日

卡缅卡

两天前就收到了您的来信，我今天才动笔回信。我要感谢您，我的挚友，对我的音乐和我个人的那番亲切的话语。当然不该由我来判断自己作品的价值，但我可以坦然地说，它们全部（除少数作品外）都是我所体验和感受到的，都是直接出于我的内心。而对于我来说，最大的幸福是世上有另一个与我相知的心灵，对我的音乐作出如此敏锐的回应，这个心灵感受得到我创作时的一切情感。每念及此，便获得鼓舞和安慰。您别以为我遇到过许多这样的心灵，就算是在与我共同生活的那些人中，也只有弟弟们，特别是莫杰斯特[①]，才与我精神相通。至于专业音乐家，我很少从他们身上获得真正的共鸣。

---

① 莫杰斯特·伊里奇·柴科夫斯基（1850—1916），俄国戏剧作家、翻译家、戏剧评论家。他与俄国、西欧音乐家保持了广泛的联系。曾为《黑桃皇后》《约兰达》等歌剧撰写脚本。他是作曲家兄长彼得·伊里奇·柴科夫斯基生平传记的首位俄国作者，也是位于克林的国立柴科夫斯基故居博物馆的创建者。

## 我过去和现在都是以一颗挚爱的心真诚地创作

**1883 年 5 月 3 日**

**巴黎**

[……]我不喜欢一再重复的、长期以来对我的定论，即我没有能力创作戏剧性的音乐，或者说我是公众的附庸。而何谓拥有戏剧性的能力？[……]至于说，我似乎是为了达到效果而取悦大众，我可以问心无愧地说，从来没有。我过去和现在都是以一颗挚爱的心真诚地创作，从来不在意听众是怎么看待我作品的。因为在创作时，有一种创作者的情感温暖心头，我认为所有听众都会感受我之所感。有时，我会设想我所珍视的、认同的一张张面容，比如您。但是，我从来没有放低自己到满足大众最基本需求的程度。[……]

# 从事理论研究的音乐家和作曲家之间有极大差异

1883年7月1日

波杜什金诺

［……］从事理论研究的音乐家和作曲家之间有极大差异。每一位优秀的音乐家，特别是理论评论家，都应该在各类创作中一试身手。但并非每一位音乐家都具备创作天赋，即便已对音乐学科的各个领域都有过深刻研究。不过，哪怕没有任何真正的创作愿望，只是在创作方面稍微有所体验以便切实地从事创作理论研究，就必须具备相当的音乐才能和敏锐的音乐感官，否则不足以称作理论评论家。

# 谈作品

## 音乐总体来说是极薄弱的

1878 年 12 月 3 日

佛罗伦萨

［……］我的第一部歌剧是《督军》。它采用了奥斯特洛夫斯基的脚本，这脚本非常糟糕。[①] 音乐总体来说是极薄弱的，我大约七年前就把乐谱烧掉了。这部歌剧于 1869 年 1 月底在莫斯科上演，大约演出了十次。其中只有舞曲被保留下来。

---

① 歌剧《督军》（Op.3）创作于 1867 至 1868 年，取材于俄国作家奥斯特洛夫斯基的戏剧《伏尔加河上之梦》。需要区分的是，柴科夫斯基多年后创作的、与此歌剧同名的交响叙事曲《督军》（Op.78，1891）取材于波兰诗人亚当·密茨凯维奇的 1829 年诗作的普希金俄译本。

## 一部非常糟糕的歌剧

1879 年 11 月 27 日

巴黎

[……] 现在回答您的问题。[①] 毫无疑问,《督军》是一部非常糟糕的歌剧。我有此看法,不仅是考虑到音乐本身的价值,还考虑到各项前提条件,这些条件一旦满足就会构成歌剧大大小小的优点。

首先,情节毫无用处,也就是说缺乏戏剧性的趣味和动态。其次,这部歌剧写得太匆忙,太不精心,结果是写出来的形式不符合歌剧要求,也不适于舞台条件,我只是依词谱曲,却没考虑

① 梅克夫人在 1879 年 11 月 26 日通信中问道:"请问,彼得·伊里奇,《督军》会是一部糟糕的歌剧吗?昨天我弹奏了其中的舞曲,它如此迷人,我每次弹奏都很难不动容。这部歌剧怎会是糟糕的呢?"——译注

到歌剧与交响乐存在巨大差异。创作歌剧时，创作者必须时刻考虑舞台，也就是说，在剧场里，不仅有旋律、和声，还有表演动作，不能白白消耗听众的注意力，他们的注意力不仅在于聆听，也在于观看。最后，舞台上的音乐风格应与装饰绘画风格一致，因此音乐必须直接、清晰、色彩丰富。如果把类似梅索尼耶[①]的绘画搬上剧场舞台，就会让它失去全部魅力，也不会得到妥当评价，这种画作的所有迷人细节会被耗尽和扼杀。同样，一旦在剧场中响起和声被精巧处理过的音乐，也会令它白白浪费，因为听众需要听到线条清晰的旋律和明显的和声音型。

在《督军》中，我恰是为了精巧细致的主题发展而完全忘记了舞台及其条件，这些条件在很大程度上使创作者的纯粹音乐灵感丧失活力。这就是为什么说交响乐和室内乐远高于歌剧音乐，在交响曲或奏鸣曲中我是自由的，没有任何限制

---

① 让-路易-埃内斯特·梅索尼耶（1815—1891），法国画家，以笔法细腻著称，其最有影响的作品是《1814 年出征法国》。

或约束。不过歌剧的优势在于，它给我提供了通过音乐语言向大众诉说的机会，一部歌剧在一个季度内至少可演四十次，这就比交响曲更有优势，因为交响曲在十年内只能演一次！！

# 不知您是否了解我的这部作品

1883 年 11 月 15 日

卡缅卡

亲爱的朋友！

明天我将前往莫斯科，我的健康状况不是很好，但明天一定会好起来。[……] 我被强烈邀请星期六去莫斯科，这天在音乐协会[①]将演出我的第一交响曲[②]。不知您是否了解我的这部作品，虽然它在许多方面都很不成熟，但实际上比许多其他较为成熟的作品更有内涵，更为出色。遗憾的是，无论是乐队总谱还是四手联弹谱都出版得极其草率，满篇错误，几乎无法用来演奏。

---

① 即俄罗斯音乐协会。下略。

② 第一交响曲《冬日之梦》（Op.13, G 小调）创作于 1866 年。1868 年 2 月首演于莫斯科。1874 年修订。

## 歌剧《铁匠瓦库拉》（Op. 14）

# 这部歌剧虽然没有轰动一时

1878 年 10 月 14 日

圣彼得堡

我在这里没听过任何音乐作品。今天音乐协会举行了安东·鲁宾斯坦专场音乐会，为了避开音乐界的熟人，我没有出席。我也没有看过歌剧。《铁匠瓦库拉》[①]被列入上演剧目却没有演出，原因是：男高音科米萨尔热夫斯基[②]每当要演出时，就声称他病了。他这样做是因为不喜欢这角色，这个角色

---

① 三幕歌剧《铁匠瓦库拉》（Op.14）取材于果戈里的《圣诞节前夜》，由波隆斯基提供脚本。1876 年 11 月 24 日，歌剧在圣彼得堡马林斯基剧院首演，爱德华·纳普拉夫尼克指挥，科米萨尔热夫斯基饰演剧名主角。1885 年柴科夫斯基将歌剧重新修订为四幕歌剧，更名为《女靴》，于 1887 年 1 月 29 日在莫斯科大剧院首演，作曲家亲自指挥，乌萨托夫饰演剧名主角。

② 费奥多尔·彼得罗维奇·科米萨尔热夫斯基（1838—1905），俄国歌唱家、抒情戏剧男高音，曾在多部歌剧中饰演重要角色。柴科夫斯基曾将一首声乐浪漫曲（Op.57，No.1，创作于 1884 年前）题献给他。

要求一副有力的、鲜活的嗓音，而他底气不足。有人建议我张罗换演员，但我不愿操这份心。这部歌剧虽然没有轰动一时，但票房收入不算差，因此，应由剧院管理局①关心角色安排这类事。

《铁匠瓦库拉》（Op.14）手稿

---

① 即皇家剧院管理局（也译皇家剧院管理委员会）。

# 第二交响曲（Op. 17）

## 他的失信却给我带来便利

1879 年 12 月 3 日

巴黎

［……］现在我着手修改第二交响曲[①]，只有其中最后一个乐章没有大动。这部交响曲曾有过一个插曲：1872 年我把它交给“B. 贝塞尔与 K.”出版社[②]，

---

① 第二交响曲（Op.17，C 小调）创作于 1872 年，因在第一、第四乐章中使用了乌克兰民间曲调，又被称作《乌克兰交响曲》或《“小俄罗斯”交响曲》。1879 至 1880 年修订。

② “B. 贝塞尔与 K.”出版社（W. Bessel et Cie Editeurs）由瓦西里·瓦西里耶维奇·贝塞尔（1843—1907）和伊万·瓦西里耶维奇·贝塞尔兄弟二人于 1869 年在圣彼得堡共同创办，出版社下设一家音乐书店。两年后，兄弟俩开设了自己的乐谱出版社，采用当时最先进的印刷机。“B. 贝塞尔与 K.”出版社出版的作品有：穆索尔斯基的声乐套曲《育儿室》；里姆斯基-科萨科夫的歌剧《潘·沃埃沃达》《普斯科夫女郎》《雪姑娘》；柴科夫斯基的幻想序曲《罗密欧与朱丽叶》等。

以回报贝塞尔为上演《禁卫军》所作的努力，[①] 我没向他提过稿费，条件是他会出版交响曲的乐队总谱。但七年来他一直在说谎，不断告诉我总谱快准备好了，其实甚至还没开始制版。我很生气，但他的失信却给我带来便利！如今我纵观全曲，发现其中除了成功之处，还有一些缺点，于是决定重写第一和第三乐章，修改第二乐章，而最后的乐章仅加以缩减。这样一来，如果我在罗马可以顺利创作，我的这部青涩的、平庸的交响曲将会成为一部佳作。真是塞翁失马，焉知非福。[……]

---

① 1873 年 10 月 10 日，柴科夫斯基在给"自由音乐艺术家"、出版人瓦西里·瓦西里耶维奇·贝塞尔的信中写道："我已经写信给格杰奥诺夫［斯捷潘·亚历山大罗维奇·格杰奥诺夫（1816—1878），1863 年起担任皇家埃尔米塔日第一总监，1867 至 1875 年担任皇家剧院经理］并提到，凡是涉及要我亲自参与《禁卫军》上演的一切事务，都由您代劳。"——译注

## 理想之路无止境

1879 年 12 月 18 日

罗马

［……］今天我着手改写第二交响曲，我想重写其中的第一乐章。工作进行得很顺利，早餐前就草拟出将近一半的篇幅。感谢命运，感谢我的出版人贝塞尔，他欺骗我这么多年都还没有出版乐谱。倘若已经出版，就不可能重新出版新的乐谱了，而我那可怜的交响曲就得保持最初的样子。在一个工作中求取进步的人的一生中，七个年头有多么重要的意义。七年以后我再来看今天的作品，是否会像我用今天的目光看待 1872 年所写的作品一样呢？很可能会是如此，因为理想之路无止境。而七年以后我还没老呢。

## 有人奇怪而意味深长地微笑着

1879年2月25日

巴黎

我忍不住要将我对《暴风雨》[①]的印象告诉您。演出既无特别之处，也不算差。迎接我作品的寥寥掌声和口哨声丝毫没有让我吃惊：我已经预料到了。[②]但令我感到惊讶的是，这使我非常难过。我期待自己有更大的勇气，即面对失败也完全无动于衷。我产生了无以言表的担心，这也是我没想到

---

① 交响幻想曲《暴风雨》（Op.18）取材于莎士比亚同名戏剧，创作于1873年。

② 作品首演于1873年12月，尼古拉·鲁宾斯坦指挥。柴科夫斯基对这部作品不大自信，例如，在1876年10月10日寄给出版人瓦西里·瓦西里耶维奇·贝塞尔的信中，他写道："见到斯塔索夫时请转告他，我按照他的提纲写了《暴风雨》，我会在莫斯科听过演奏之后，再把乐谱寄给他。我不知道这部作品是否会成功。"他在这封寄给梅克夫人的信中所说的"印象"，可能来自作品当天在巴黎音乐会上的演出。——译注

的。您知道吗，我亲爱的朋友，我甚至不大责怪法国听众。我不喜欢今天演出的《暴风雨》，它形式冗长、不连贯、不平衡，个别片段因有些琐碎而失去效果，而这正是让我难过之处，因为我不能把失败归咎于演奏不佳或是听众的不理解。我认为，不该用《暴风雨》来向巴黎人初次介绍我的音乐。当然，演出有很多细节是不尽人意的，但总的来说，我不能抱怨科洛纳[①]。尽管音乐家们颇为勤勉和努力，也一定做了研究，但他们对所演奏的音乐是缺乏信心和热爱的，他们仿佛事先就已经预料到听众的反应，有人奇怪而意味深长地微笑着，似乎在说:"很抱歉，我们向您呈上如此奇怪的一餐，但这不是我们的错。"

---

① 爱德华·朱达·科洛纳（1838—1910），法国指挥家、小提琴家。1873 年起在英、俄、美等国指挥巡演，领导了当时颇有名气的"科洛纳音乐会"。科洛纳在指挥柴科夫斯基作品方面尤其著名的事迹是 1878 年在巴黎世界博览会上与尼古拉·鲁宾斯坦合作的第一钢琴协奏曲。

# 我在第一钢琴协奏曲第一乐章中也曾多多少少运用过这种歌调

1879 年 5 月 9 日

布拉伊洛夫

[……] 今天天气很好：温暖、晴朗，没有雨，也没有下雨的迹象。现在我来到了一座修道院 [……] 听见盲人唱的“里拉歌”。这是一种以伴奏乐器“里拉”命名的歌，其实这个乐器与古代里拉毫无共同之处。值得注意的是，小俄罗斯[①]的所有盲人歌手都用同样的伴奏唱同样的歌调。我在

① “小俄罗斯”这一地区名称出现于 14 世纪初，沿用自古罗斯时期。该地区主要部分位于今天的乌克兰，其他部分位于俄罗斯、白俄罗斯和波兰。——译注

第一钢琴协奏曲[①]第一乐章中也曾多多少少运用过这种歌调。[②]

① 第一钢琴协奏曲（Op.23，降 B 小调）创作于 1874 至 1875 年。原题献给钢琴家、作曲家尼古拉·鲁宾斯坦，却因作品看起来“过于复杂”而被拒绝。柴科夫斯基坚持自己的判断，不做任何改动，并重新题献给德国指挥家、钢琴家汉斯·冯·比洛（也译彪罗）。比洛精心准备，1875 年 10 月 25 日将作品首演于美国波士顿。两天后，谢尔盖·塔涅耶夫与尼古拉·鲁宾斯坦合作了第一钢琴协奏曲在俄国的首演。塔涅耶夫在写给柴科夫斯基的信中表示，这是他演出的“第一部俄国钢琴协奏曲”。此作品也成为尼古拉·鲁宾斯坦的保留曲目。（详见 http://www.tchaikov.ru/concertol.html）

② 除了第一乐章主部使用了在乌克兰听到的曲调，末乐章还使用了乌克兰歌曲《出来吧，伊万科》。（同上注）

## 钢琴和乐队的配合则完全是另外一回事

1880 年 10 月 24 日

卡缅卡

［……］我的听觉很难忍受三重奏或是加入小提琴或大提琴的奏鸣曲。［……］而钢琴和乐队的配合则完全是另外一回事：这里没有音响的融合，而且钢琴也不可能和其他乐器融合，它具备一种有弹性的音响，仿佛能从其他任何发声体上反弹。不过钢琴和乐队的组合中却有两个同等的力量，一个是弱小的、不起眼但精神焕发的对手，另一个是强大的、色彩异常丰富的乐队，两者相互竞争，如果演奏出色的话，钢琴会压倒乐队。[①] 在这场竞赛中有许多诗意的、种种令作曲家为之神往的音响组合。

---

① 完成第一钢琴协奏曲后不久，柴科夫斯基表达了他对协奏曲的消极态度。尽管他曾经不太看好这一体裁，后来却创作了第二钢琴协奏曲、小提琴协奏曲和大提琴协奏曲。——译注

## 请原谅我如此为普希金辩护

1877 年 7 月 3 日

莫斯科

[……] 6 月里我写完了歌剧的大半部分，当然，如果不是因为心情焦虑，还可以写得更多些。我对题材的选择毫不后悔。[①] 我不明白，您如此活跃而强烈地热爱音乐，怎么会不认可普希金，他凭借卓越的才能，经常从诗作的有限范围闯入音乐的无边境界。这不是空泛的词藻，尽管普希金实质上是用诗的形式表达的，但在他的诗中，在诗的音响排列中，有某种穿透内心深处的东西，而这恰恰就是音乐。我同样不明白，您对音乐如此敏锐，却会

① 三幕歌剧《叶普盖尼·奥涅金》（Op.24）创作于 1877 至 1878 年。歌剧脚本取材于普希金的同名诗作，由柴科夫斯基与剧作家康斯坦丁·希洛夫斯基共同完成。——译注

成为皮萨列夫[①]的支持者。他认为热爱音乐就像热爱腌黄瓜一样愚蠢，又曾说过，贝多芬之伟大有如"杜索"[②]的厨师。

请原谅我如此为普希金辩护，并指责皮萨列夫及其批判性观点。但我十分钦佩前者，又十分厌恶后者对我所从事的艺术事业的轻视。我们在这个问题上有分歧，这使我有些苦恼。

① 德米特里·伊万诺维奇·皮萨列夫（1840—1868），俄国文艺评论家、唯物主义哲学家、政治家。

② "杜索"即杜索大饭店，是19世纪圣彼得堡一家有名的法式餐厅，许多社会名流经常在此聚餐。

## 我还从来没有像写这部歌剧那样顺利地写过任何一部作品

**1878 年 6 月 25 日**

**卡缅卡**

[……] 您在来信中谈到，希望看一看我的草稿。您是否愿意看看我的歌剧《叶甫盖尼·奥涅金》[①] 的完整手稿呢？因为这部歌剧的钢琴缩编谱在秋季之前将印成，[②] 您也许乐意将草稿和修改加工稿及印成的整部大篇幅对照来看。如果愿意，在您返回莫斯科后，我就将手稿寄上。之所以提供《奥涅金》的手稿，是因为我还从来没有像写这部歌剧那样顺利地写过任何一部作品，而且手稿可以随时十分清晰地辨读，其中改动不多。

---

① 以下简称《奥涅金》。

② 柴科夫斯基在出版的钢琴缩编谱上添加了“抒情场景”字样。——译注

# 我的离职与《奥涅金》的问世备受此地音乐界关注

1878 年 10 月 18 日

圣彼得堡

亲爱的朋友，您收到《奥涅金》钢琴缩编谱了吗？乐谱寄到了圣雷莫[1]。手稿暂存在莫斯科，但我已经写信让阿列克谢[2]带到这里。我将整理好零散的纸张和笔记，然后带到佛罗伦萨。估计我和您将同时到达佛罗伦萨（12 月），我会把手稿交给您。我的朋友，请告诉我您别墅的地点以及总的安排。[……]

我继续享受此地亲戚们的热情招待。所有人

---

① 圣雷莫是意大利西北部城市，素有"阳光之城"的美誉。柴科夫斯基在经历了婚姻失败后，于 1877 年底来此疗养。

② 阿列克谢·伊万诺维奇·索夫罗诺夫（1859—1925），柴科夫斯基的家仆，备受信赖。

都十分好客，但我为交往中的虚伪成分感到有些苦恼。我和他们完全或几乎完全是陌生的，是血缘关系把我们联系在一起，为此不得不假意应付，这令我心烦。同样令我难受的是，他们都希望听我弹弹钢琴，然后又大谈音乐，最后还打探我什么时候会担任音乐学院院长。都是些官僚，他们把我看成是一名因受到上级不公正对待而未能当上院长的音乐官员。[……]

我的离职①与《奥涅金》的问世②备受此地音乐界关注。人们议论纷纷，猜测纷纭，都认为我将在圣彼得堡担任教授。看呀！他们错到哪里去了！[……]

---

① 1866 年柴科夫斯基担任莫斯科音乐学院作曲教授。1878 年辞职，赴国外疗养。——译注

② 歌剧《叶甫盖尼·奥涅金》在 1878 年初完成后，经过数月筹备、排演，于 1879 年 3 月 29 日在莫斯科首次公开上演。

## 这其实不过就是一种偏见

1879 年 1 月 25 日

克拉朗

［……］关于德国人对我们兄弟的偏见，我似乎没向您提起过。今年冬季我的《里米尼的弗兰切斯卡》[①]在柏林遭遇“失败”（fiasco）。比尔泽[②]指挥演出了这部作品两次，而第二次演出对他来说是勇气可嘉的行为。因为第一次演出后，报界一致围

---

① 《里米尼的弗兰切斯卡》（Op.32）取材于但丁《神曲》中的《地狱》第五章，创作于 1876 年 9 月至 11 月，题献给塔涅耶夫。作品于 1877 年 2 月首演于莫斯科，尼古拉·鲁宾斯坦指挥，取得巨大成功。至 19 世纪末，此作品在俄罗斯音乐协会的莫斯科音乐会上共演过 11 次。大提琴家卡尔·达维多夫认为《里米尼的弗兰切斯卡》是“这个时代最伟大的作品”。圣-桑比较了李斯特的《但丁交响曲》，认为柴科夫斯基的《里米尼的弗兰切斯卡》要“高于李斯特”。（详见 http://www.tchaikov.ru/franceska.html）

② 本亚明·比尔泽（1816—1920），德国指挥家、作曲家。1867 年起定期在柏林演出。随着声望的提高，演出范围扩大到全欧洲，曾在圣彼得堡、华沙、阿姆斯特丹、维也纳、巴黎等地演出。

攻了这部倒霉的幻想曲，而听众即便没喝倒彩，态度也是冷漠的，而且略带敌意。抛开谨慎不谈，这其实不过就是一种偏见。[……]然而，这一切极少让我困惑。我相信，我的时代会到来，即使那时，当然，我已经在另一个世界了。

交响幻想曲《里米尼的弗兰切斯卡》(Op.32)
总谱封面

## 创作完全不再具有劳动性质

1878 年 3 月 10 日

克拉郎

［……］我的朋友，无法向您言喻这一切令我多么惬意。我感到舒畅而平静，我对自己工作的顺利进展感到满意，健康状况非常好，对未来也没有不安和担忧，我可将现在的状态称为幸福了。［……］

小提琴协奏曲的第一乐章已经完成。明天将着手第二乐章。[①] 我的情绪状态一直很好。在这样的

① 在创作小提琴协奏曲（Op.35，D 大调）之前，柴科夫斯基已经通过第一钢琴协奏曲（Op.23，1874—1875）、为小提琴与乐队而作的《忧郁小夜曲》（Op.26，1875）、为大提琴与乐队而作的《洛可可主题变奏曲》（Op.33，1876）等积累了比较丰富的经验。1878 年春季，作曲家逐渐走出婚姻失败的阴霾，精神状态也逐渐好转，他的学生和挚友、小提琴家约瑟夫·科捷克（1855—1885）恰逢此时来访，这一“他乡遇故知”的体验激发了新的创作灵感。他在 1878 年 3 月 5 日寄给梅克夫人的信中写道：“今天早晨开始，我被那种曾向您提到的、难以（转下页）

精神状态下，创作完全不再具有劳动性质，而是一种纯粹的喜悦。在投入创作时，我会忘记时间的流逝，如果不被打断，我会一直创作，一整天都坐着不起身。

小提琴协奏曲（Op.35）
总谱封面

（接上页）解释又不知从何而来的灵感之火笼罩，得益于此，我便提前预料到今天所写的东西将具有深入人心、余音绕梁的特质”。（详见 http://www.tchaikov.ru/concerto_violin.html）

# 我已经结束小提琴协奏曲的第一乐章

1878 年 3 月 22 日

克拉朗

我已经结束小提琴协奏曲的第一乐章，也就是说已全部完成并且可以演奏了，我对这个乐章感到满意，目前只待为它配器了。我与小提琴合奏了行板乐章，[1] 这个乐章令我不满，我将作重大修改或重写。而末乐章，如果我没记错的话，和第一乐章一样，也是成功的。

---

① 小提琴家约瑟夫·科捷克在此期间来访，使柴科夫斯基的创作如虎添翼。他们经常以乐交流、讨论磋商、消遣雅兴，还合奏了法国作曲家拉罗的《西班牙交响曲》等。（详见 http://www.tchaikov.ru/concerto_violin.html）

## 另一个行板

1878 年 3 月 24 日

克拉朗

您会在我的协奏曲印成前收到它。我将预订一份副本，可能会在下个月内送达。[……] 今天我写了另一个行板，更适合协奏曲中两个相邻的复杂乐章。原来的行板成为一首单独的小提琴曲，我把它和我构想的另外两首小提琴曲合在一起，它们将构成一部单独的作品，[①] 我也会在印成之前送您一份。亲爱的娜杰日达·菲拉列托夫娜，我会竭尽所能保证我所有的新作品都在印成前送到您手上。我想这样安排：一首或一套乐曲，一旦写完、写好，

① 从小提琴协奏曲中换掉的原行板乐章，被用作钢琴与小提琴的室内乐作品《回忆留恋的地方》（Op.42，1878）的第一乐章《沉思》，该乐章修订于 1878 年 5 月。

就寄给您，您差人抄写并保留副本，之后把手稿寄给尤尔根松[①]。您看怎样？我可以亲自誊抄，但我字迹不好（难以辨认），而且按我说的方法，所需时间更短些。

今天协奏曲可以说完全写完了。明天我将投入总谱，希望在离开此地时已不再考虑这个作品。这个夏季，我将只为钢琴、小提琴和声乐写些小曲，这将是介于休息和工作之间的创作。[②]

---

① 彼得·伊万诺维奇·尤尔根松（1836—1903），俄国音乐出版人，柴科夫斯基的友人之一。

② 之后创作的小编制作品有：为钢琴创作的奏鸣曲（Op.37，G大调）、包含24首小曲的《儿童曲集》（Op.39）和《12首小曲》（Op.40），以及声乐作品《6首浪漫曲》（Op.38）与合唱作品《金口圣约翰的礼拜仪式》（Op.41）等。

# 我要为协奏曲的第一乐章略作辩护

1878 年 5 月 17 日

布拉伊洛夫

［……］我很高兴收到您对我的小提琴协奏曲的坦率意见。[①]［……］但是，我要为协奏曲的第一乐章略作辩护。当然，在这个乐章里，正像为炫技而写的任何一部作品一样，有许多写得冷漠、偏重理性的东西，但是它的主题并不是勉强写出来的，这一乐章的总体构思是突然在我的脑海中涌现、自然而直接地流淌出来的。我相信终有一天您会接受它。请注意，我的朋友，这个乐章应该演奏得十分平静，几乎像行板一样。

---

① 梅克夫人在当天寄达的信中表达了她对小提琴协奏曲的喜爱，并写道："第一乐章很难演奏，因为其中有一些片段对于小提琴来说过于新颖，以至于演奏者无法立刻掌握，此外还有一些节奏很难的地方。不过一旦克服了这些，第一乐章就是非常优美的"。（详见 http://www.tchaikov.ru/1878-144.html）

## 这不是可笑的评论吗

1881 年 12 月 15 日

罗马

今天我的健康状况非常好，天气也很好。亲爱的朋友，我想告诉您一位德国著名的音乐评论家汉斯利克[①]对我音乐的评论。[……] 关于我的小提琴协奏曲，他写道：总的来说，据他对我几部作品的了解，我的作品因为不均衡、缺乏品位、粗俗和野蛮而引人注目。至于小提琴协奏曲，开头还算合格，但越往后越差。他说，在第一乐章结束之

① 爱德华·汉斯利克（1825—1904），奥地利音乐评论家、作家。1854 年出版的著作《论音乐的美》使他成为以莱比锡为中心的纯音乐学派的代表（代表作曲家有门德尔松、舒曼和勃拉姆斯等），与创作中包含非音乐因素（如文学、绘画题材）的魏玛学派相对立（代表作曲家有李斯特、瓦格纳和布鲁克纳等）。曾在《新闻报》《新自由新闻报》上发表多篇音乐评论，其极端鲜明的立场和犀利的文笔在 19 世纪音乐界引起激烈争论，影响深远。

处，小提琴不是在演奏，而是在嗥叫、喊叫、咆哮；慢板乐章也是开头很好，但很快就演变成对某个狂野的俄罗斯节日的描绘，其中的每个人都酩酊大醉，每个人的表情都是粗鲁和令人厌恶的。“一些作家，”汉斯利克继续写道，“喜欢细致地刻画最令人厌恶的生理现象，其中散发着难闻的气味，这种文学可称作恶臭文学；柴科夫斯基先生的协奏曲向我们表明，还存在着一种恶臭的音乐（stinkende Musik）”。

这不是可笑的评论吗？我对评论家没什么好感。在俄国，自从拉罗什离开，再没有哪位评论家对我写过热情友好的文字了。在欧洲，他们称我的音乐为“臭气熏天”！！

# 必须告诉您一个非常奇怪的消息

1881年12月23日

罗马

关于我的小提琴协奏曲，必须告诉您一个非常奇怪的消息，是尤尔根松告诉我的。起初是科捷克想在圣彼得堡首演这部协奏曲，然后是索雷[①]，但两人都无法达成愿望，因为奥尔[②]和达维多夫[③]都反对这首不幸的协奏曲，说它是不可能演奏的，说它是对公众的嘲弄，等等。奇怪的是，奥尔和达维多夫都是我所谓的朋友，奥尔还一直表示是我的音乐

---

① 埃米尔·索雷（1852—1920），法国小提琴家、作曲家。曾与李斯特同台演奏，作品多为小提琴而作。

② 利奥波德·奥尔（1845—1930），匈牙利小提琴家。1868年起在圣彼得堡音乐学院教授小提琴。柴科夫斯基最初想将小提琴协奏曲题献给他，并希望由他首演。

③ 卡尔·达维多夫（1838—1889），俄国大提琴家、作曲家。圣彼得堡大提琴首席。作有4部大提琴协奏曲等。

的热心支持者，我甚至要将协奏曲题献给他以示感谢。我被布罗茨基[①]的勇气深深打动了，他决定以一部有难度的、新创作的，况且是在维也纳不受喜爱的俄国作品，首次登上当地舞台。

① 阿道夫·布罗茨基（1851—1929），俄国小提琴家。1881 年 12 月 4 日在维也纳首演了柴科夫斯基的第一小提琴协奏曲，汉斯·里希特指挥（1879 年，德国小提琴家利奥波德·达姆罗施已在美国首演此作品）。鉴于布罗茨基对这部作品的喜爱，柴科夫斯基将之题献给他。（详见 http://www.tchaikov.ru/concerto-violin.html）

# 我极愿把它题献给您

1877 年 5 月 1 日

莫斯科

尊敬的娜杰日达·菲拉列托夫娜！我从您以往的几次创作委托中已经看出，您这样做是出于两种动机：一方面，您是确实希望用某种方式得到我的某部作品；另一方面，您是在知道我经济上一直困难之后，希望帮助我。之所以看出这一点，是因为您对我微不足道的劳动支付了过分慷慨的报酬。[……] 现在我正忙于创作的是冬季就开始着手的一部交响曲[①]，我极愿把它题献给您，因为我认为，您会发现其中回应了您内心深处的感情和思想。在这期间，任何其他工作都会给我带来负

① 第四交响曲（Op.36，F 小调）创作于 1877 至 1878 年。

担，我指的是那种需要投入一定情绪的工作。其次，我总是处于烦躁、紧张和易怒的状态，这对创作是不利的，对这部正在进展中的交响曲会有不利影响。

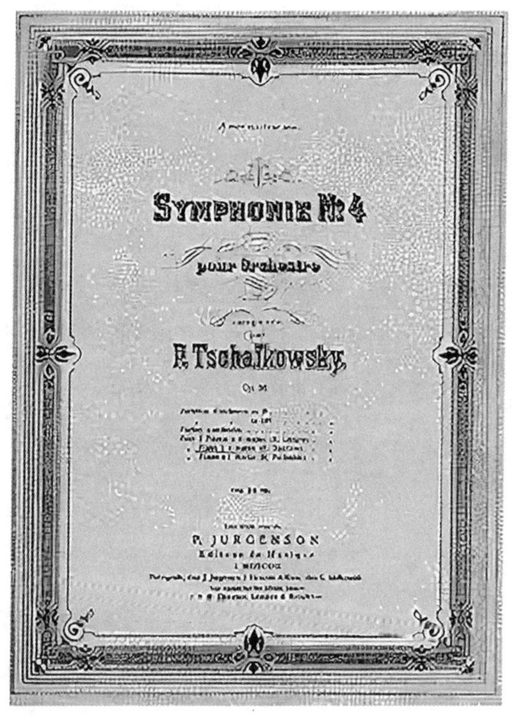


第四交响曲（Op.36）
总谱封面

## 我将在自己的交响曲上写明“献给我的朋友”

1877年7月3日

莫斯科

您问我能否称您为朋友？您怎么能对此怀疑呢？难道在我以往的信件中，您从没透过字里行间看出我十分重视您的友谊，我对您的友好感情是最真挚、最热烈的吗？我多么乐意有朝一日不是用语言而是用事实来向您证明我对您的深切谢意和真挚情意！可惜，对此我只有一条途径：我的音乐作品。我在这方面是始终准备为您效劳的，您应该说说您的提议。或许，我有时因为缺少创作所需的精神状态而未能满足您的要求，但总是可以完成您向我提议的其他音乐创作，我甚至坚持请您向我多多预订后一类作品，使我能够逐步偿还欠您的

"债务"。

我将在自己的交响曲上写明"献给我的朋友"，[1] 如您所愿，这也完全符合我的愿望。

再会，我尊敬的、善良的好友！祝福我在面临生活转折时不会丧失信心吧。

第四交响曲（Op.36）
第一乐章手稿

① 在后来通信中，柴科夫斯基常称第四交响曲为"我们的交响曲"。——译注

# 我们的交响曲稍有进展了

1877 年 8 月 12 日

卡缅卡

我们的交响曲稍有进展了。第一乐章需要我在配器上花费不少精力。它很复杂，也很长，而且在我看来，这是一个相较而言更好的乐章。至于其他三个乐章则十分简单，配器将是很有兴味的。谐谑曲乐章会有一种新的配器效果，这正是我所期望的：最初是弦乐组单独演奏，而且一直是拨奏；到三声中部将运用木管组，也是单独演奏；之后换为铜管组，同样是单独演奏；在谐谑曲乐章结束时，三组乐器将以短促的乐句相互呼应。我认为这种音响效果是动人的。

# 这部交响曲是否有明确的标题

1878 年 2 月 17 日

佛罗伦萨

您今天的来信带给我多少快乐，我至为珍贵的朋友娜杰日达·菲拉列托夫娜！您喜欢上了这部交响曲，您聆听它时，体会到了我创作时充满心头的感觉，我的音乐正合您的心意，这些都令我多么幸福。

您问我，这部交响曲是否有明确的标题？通常人们就交响乐作品向我提出这个问题时，我会回答：完全没有。实际上，这个问题是难以回答的。[……] 而在我们的这部交响曲里是有标题的，也就是说能够用语言来说明它所要表达的。我可以，并且愿意向您，仅仅向您一人，指出它整体及各乐章的含义。当然，我也只能概括地指出。

引子是整部交响曲的核心，无疑是主要的乐思：

这是宿命，这是命运的力量，它阻碍人们奔向幸福，使人无法达到目的，它嫉妒地监视着，不让幸福和安宁完美无缺，它就像达摩克利斯之剑①一样高悬于头顶，不断地、持续地折磨人的内心。它战无不胜，你永远占不了它的上风，只有向其屈服和独自悲伤：

① 达摩克利斯之剑比喻危险临头。据希腊历史故事，廷臣达摩克利斯受命坐在以一根马鬃丝系着的剑下，以示处境多危。——译注

痛苦和绝望的情感愈发强烈，不如摆脱现实而沉入幻想：

欢乐啊！至少有一个甜美而温柔的幻想出现了。一个幸福愉快的人影闪过，并且在向某处招手：

多么好啊！纠缠不休的快板第一主题现在已经远去了。幻想逐渐完全占据了心灵。一切阴郁和苦

闷都忘却了。瞧，在这，就是幸福！

不！这只是幻想，宿命现在将人从幻想中唤醒：

总之，整个生活就是艰难的现实、稍纵即逝的梦想和幸福的梦幻之间的不断交替……不存在安逸的生活。在这大海上游吧，直到它淹没你，使你沉入海底。这大概就是第一乐章的标题了。

交响曲的第二乐章表达了另一种苦闷阶段。这是晚间一人独坐时出现的感伤，工作使他身心疲惫，他拿起一本书，书却从手中滑落，种种回忆涌上心头。往事如烟，百感千愁，又愉快地回忆起青年时代。你既惋惜过去，又不打算重新开始生活，生活使人疲惫。你惬意地歇息并环顾四周。众多回忆涌现，有过热血沸腾、生活满足的欢快时刻，也有过艰难的时刻和无可弥补的损失。而这一切都已经远去，你既悲哀而又莫名甜蜜地沉浸在往昔之中。

第三乐章没有表达明确的感受。这里是小酌之后初感醉意时出现在幻想中的、变化莫测的花样，还有捉摸不定的画面。内心既不快活，也不悲哀。你什么也不去想，任凭想象力自由驰骋，而它不知为何肆意画出了怪异的图像……从中突然出现那些大吃大喝的庄稼汉，还响起街头小曲……随后在远方某处又走过一队士兵。这些是你入眠时脑海中闪现的毫无联系的画面，它们和现实生活毫无共同之处，它们是奇怪的、狂野的，是前后不相关的。

到了第四乐章。如果你从自身找不到欢乐的动机，那就去观察其他人吧。到人民中间去，看看他们是怎样纵情欢乐并沉浸在无限愉快的情绪之中。这是一幅民间节庆场景。当你刚刚忘掉自己而醉心于他人的欢乐场面时，那令人不安的宿命又出现了，提醒你记起它。然而其他人都与你无关，他们甚至没有转过身来看你一眼，也没有注意到你的孤独和悲伤。他们多么快乐啊！他们的全部情感都是天真率直的，这是多么幸福。你责备自己不应说世界上一切都是悲哀的。这里有朴素却强烈的欢乐，因他人的欢乐而欢乐吧，生活毕竟是过得去的。

亲爱的朋友，这就是我在交响曲中能向您说明的。当然，既不够清楚，也不够全面。但器乐作品的本质正在于它不适于被详尽地解释。正如海涅所言：“语言尽头，音乐响起。”

〔附言〕现在，当我准备将信装入信封时，重读了一遍，吃惊地发现，我向您说明的“标题”既不清楚又不充分。这是我生平第一次将音乐思维和音乐形象转为词句，我没能很好地讲出来。去年冬季我写这部交响曲时心情十分忧郁，这部交响曲如实地反映了我当时的感受。但这到底只是一种反映。如何将它转为一连串清晰而明确的语言呢？我不会，也不知道。许多情景我已经忘怀，所体会到的感受只剩下概略的激情、可怖的回忆。我倒是很想知道我的莫斯科朋友们对这部作品的意见。再会。①

---

① 信末的附言旨在希望不要对信中的说明作字面上的理解。有的学者在解读此信时认为：“这部交响曲显然不是按照所说的标题而写的，解说本身是基于交响曲而构想出来的”（尼古拉·德米特里耶维奇·卡什金，《柴科夫斯基及其生平经历》，《莫斯科通报》，1902 年 8 月 20 日）。还有学者注意到，信中对交响曲所作的说明只到展开部之前：“显而易见，柴科夫斯基不打算涉及细节，而决定只限于说明主要的矛盾”（阿诺尔德·亚历山大罗维奇·阿尔什万格，《柴科夫斯基》，莫斯科：国立音乐出版社，1959 年，第 243 页）。——译注

## 我是一个地地道道的俄罗斯人

1878 年 3 月 5 日

克拉朗

您问我是如何进行配器的。我从来不会抽象地进行创作，也就是说，我脑海中出现的乐思从来都具有与之相应的外在形式。因此，我是同时构想乐思和配器的。在写我们的交响曲的谐谑曲乐章时，我所构想的与您所听到的是一样的：其中只能用拨奏（pizzicato），否则难以想象；如用琴弓拉奏，它定将失掉一切，它将成为没有躯体的心灵，其音乐将丧失全部动人之处。

关于我作品中的俄罗斯因素，要告诉您，我曾经常为了加工某首自己喜爱的民歌而直接投入创作。有时这是自然发生的，是十分突然的（例如，在我们的交响曲的末乐章）。至于我音乐中一向存在的俄罗斯因素，即旋律与和声方面与民歌相近的手法，则是源于：我成长在偏远地区，[1] 从幼时起就深刻体会到俄罗斯民间音乐特征中那难以言传的美，我热爱俄罗斯因素的一切表现形式，总而言之，我是一个地地道道的俄罗斯人。

［……］不知该如何感谢您的关怀！殷切盼望您寄来的书，希望明天就能收到。万分感谢您，我亲爱的朋友！我感觉良好，对今天十分满意，工作进展很顺利。除一些小曲外，我还在写一首钢琴奏鸣曲和小提琴协奏曲，我希望在离开此地时会带着相当数量的草稿，当然，我在为浪漫曲选词上会力求严谨，希望能令您满意。

---

① 柴科夫斯基的童年是在距莫斯科以西 1200 多公里的沃特金斯克（1840 至 1848 年）、距莫斯科以南 1900 多公里的阿拉帕耶夫斯克（1849 至 1850 年）度过的。此两地先后于 1940 年、1965 年建立了柴科夫斯基博物馆。（详见 http://www.tchaikov.ru/biography.html）

## 我十分喜爱自己的这个“孩子”

1878年11月26日

佛罗伦萨

莫杰斯特的电报对我来说是一个愉快的惊喜。我不知道交响曲现在就已经演出了。他所说的成功是可信的：首先，莫杰斯特了解我不喜欢被夸张的成功消息所奉承；其次，谐谑曲乐章返场了，这无疑是成功的标志。在这一消息发布之际，我今天整日埋头于我们的交响曲。我唱着它，回想两年前构思这部交响曲时，是在何种场合、以何种方式、在何种影响下写出一段又一段音乐的。变化多大啊！这两年里发生了多少事啊！刚开始写这部交响曲时，我对您还不甚了解。但我清楚记得，它是为您而写的。仿佛是有预感一样，我知道没人会像您那样对我的音乐作出敏锐的反应，因为我们的心灵非常相似，您比其他任何人都理解我在这部交响曲中所传达的诸多东西。我十分喜爱自己的这个“孩子”，它属于我不会害怕感到失望的作品之列。

## 一旦失去了管弦乐的音质之美

1879 年 6 月 4 日

卡缅卡

这些天我在校对我们的交响曲——已是创作它的两年后了！我非常喜欢塔涅耶夫[①]的改编。这个改编并不复杂，也就是说，他毫无阻碍地移植了这样一部复杂的管弦乐作品。只有第一乐章（最佳乐章）的改编，您可能会觉得不太可行，但这不是塔涅耶夫的错，他已经尽力了。[②]这部作品属于那些不

---

① 谢尔盖·塔涅耶夫（1856—1915），俄国作曲家、钢琴家。1875 年毕业于莫斯科音乐学院，是柴科夫斯基最欣赏的学生之一。1878 年起成为莫斯科音乐学院教授，后任院长。作有 4 部交响曲、多首室内乐作品和歌曲等。柴科夫斯基的芭蕾舞剧《胡桃夹子》、歌剧《约兰达》和第四、第五交响曲均经他改编为钢琴四手联弹。

② 在 1878 年 11 月 6 日寄给梅克夫人的信中，柴科夫斯基写道："我们的交响曲正在付印。交响曲这么久还没准备好，我对此深感抱歉。但不能怪尤尔根松，是塔涅耶夫在键盘上太过磨蹭了。" 塔涅耶夫在信中谈到他对此作品不是完全认可，（转下页）

易改编的一类，一旦失去了管弦乐的音质之美，它就失去了全部意义。虽然塔涅耶夫校对了两次，卡什金[①]又校对了两次，我还是发现了多处错误。在莫斯科或整个俄国都找不到优秀的校对，这对我来说是多么可怕的不幸啊！我不能完全依赖别人，我自己也是很糟糕的校对，这很可悲！我的作品几乎没有一部不曾受重大印刷错误所累。幸运的是，尤尔根松已经把我们的组曲[②]送到莱比锡制版了，将在那儿校对，几乎可以肯定，不会留下任何错处。

---

（接上页）柴科夫斯基回信写道："[……]您在评论中说我的这部交响曲是标题性的，我对此相当赞同。我只是不明白，为何您认为这是一种不足。[……]我不希望自己笔下出现什么都不表达的交响乐作品，而是由和弦、节奏和旋律组成的空洞游戏。[……]交响曲在所有音乐形式中最为抒情，不是本应如此吗？难道它不应表达所有语言所不及又发自内心并渴望表达的东西吗？[……]这部交响曲的思想非常清晰，就整体特征而言，含义不难理解，也不需要标题。[……]还要补充的是，在这部交响曲中，没有一个音符不曾经过我的切身感受，没有一个音符不是真挚内心活动的回响。"（详见 http://www.tchaikov.ru/symphony4.html）

① 尼古拉·德米特里耶维奇·卡什金（1839—1920），俄国音乐评论家，柴科夫斯基的友人之一，著有关于柴科夫斯基的回忆录。他关于柴科夫斯基、格林卡、里姆斯基-科萨科夫、塔涅耶夫、斯克里亚宾、拉赫玛尼诺夫等俄国作曲家的著述曾有较大影响。

② 指第一组曲（Op.43，D 小调），创作于 1878 至 1879 年。

## 多希望能在不被人认识和注意的情况下欣赏自己作品的演出

1880 年 1 月 12 日

罗马

今天早晨收到了科洛纳的信。信写得很亲切，但他在信中告知，我的交响曲将于 1 月 13 日在夏特莱剧院[①]演出，这令我十分不快。哪怕他提前一天写信告诉我这消息，我还来得及动身去巴黎。当然，这也不能怪罪科洛纳，因为，为了保证独自隐居，我曾对他说过，健康情况不容许我出席交响曲的演出，他就自然不必忙于写信及时通知。我失去了在巴黎聆听第四交响曲的唯一机会，[②]这使我懊

① 夏特莱剧院位于法国巴黎第一区夏特莱广场，建于 1862 年，是巴黎最悠久的剧院之一。

② 爱德华·朱达·科洛纳于 1880 年 1 月 13 日指挥了第四交响曲的巴黎首演，柴科夫斯基随后通过电报了解了演出情况。——译注

恼。多希望能在不被人认识和注意的情况下欣赏自己作品的演出！看来，他也没有提前通知您，否则您一定会告诉我的。好吧，不管怎么说，科洛纳赞许的话语令我十分感动，交响曲将演出的消息也令我高兴。亲爱的朋友，为了这部交响曲的问世，我该怎么感谢您才好。我知道这部交响曲不会引起轰动，但它会引起许多人的兴趣，这对于传播我的音乐十分重要，而这是我不得不关心的。

爱德华·朱达·科洛纳
（1838—1910）

# 我不能也不善于讨好听众

1880年1月16日

罗马

亲爱的朋友！谢谢您转告我科洛纳发来了电报。您会在我已寄出的信中看到他发给我的电报原文。[①] 第四交响曲得到了好评，我的高兴程度是不言自明的。一想到您对巴黎演出成功的希望会落空，我便十分伤心。但也不能完全相信科洛纳所言，他因为素来客气，会将成功的程度略加夸大，也就是说他所写的不会完全属实，而是按他自己所希望的那样。即便第四交响曲只是小有成就，那也是好事。因为对于法国人来说，能有如此反响已经相当好了。我想，从我正等着的科洛纳的信中，我

① 科洛纳在1880年1月13日电报中告知，第四交响曲在巴黎的首演获得好评，特别是其中的行板乐章和谐谑曲乐章。——译注

们会了解演出成功的真实程度。您也许会问我，为何对重大成功的消息如此悲观？这是因为，我简直难以相信对待本国作曲家（如圣-桑[①]）及新事物如此苛刻的法国听众会对我的交响曲感到满意。我以为，第一乐章会令他们感到有些吃惊；行板乐章可能会被不置可否地认可；末乐章会令他们感到俗气和乏味（对于以俄罗斯歌曲为基础的作品，比如《卡玛林斯卡亚》，他们都有这种印象）；只有谐谑曲乐章，由于乐队的动人音响，才会令他们十分喜欢。而我毫不怀疑的是，我的交响曲会在被选中的心灵深处播下火种，仅此而已。我不能也不善于讨好听众。我已经注意到，那些我以最强烈的热爱和努力而创作的作品，起初不是失败就是成功一半，只会通过被选中的心灵而逐步获得大众的理解。

① 卡米耶·圣-桑（1835—1921），法国作曲家、钢琴家。代表作品有歌剧《参孙与达利拉》、管弦乐《死之舞》与《海格力斯的青春》、双钢琴与乐队作品《动物狂欢节》等。

# 这是我的一部交响乐佳作

**1888 年 5 月 18 日**

**弗罗洛夫斯科耶**

近日来，为了付印我的（我们的）第四交响曲的分谱，我又和它打上了交道。说真的，我已经开始有点儿把它忘怀了。使我十分惊喜的是，我对它不仅没有像对自己的大部分旧作品那样漠不关心，失去兴趣，而是相反地，对我这个“孩子”充满热情。不知道今后会怎样，但现在我认为，这是我的一部交响乐佳作，它无愧于它的被题献人。

## 要另找一处静僻的地方工作

1878 年 11 月 23 日

佛罗伦萨

十分感谢您邀请我去您的别墅。但请原谅我这个怪人。当您在此地时，我并不打算应邀。[……]我愿意在您离开佛罗伦萨后立即前往奥彭海姆别墅，烦请您为此予以安排。请不要为我拒绝邀请而生气。我希望在访问您的别墅时心情轻松又不必担心与您相遇，就像我造访布拉伊洛夫[①]和您的莫斯科寓所时那样。

既然谈到了您的离去，就顺便说一下您动身之后我的打算。今天我考虑许久，由于要做很多工作，我决定不去罗马和那不勒斯了，这两个城市令人感兴趣的地方太多。在那不勒斯生活，就没法

① 指梅克夫人在布拉伊洛夫的庄园。

不整天在那迷人的郊区游逛；在罗马生活，就没法待坐在家中。因此，在您离开此地后，我打算再住两三天，之后就前往巴黎，在那里为“让娜·达尔克”[①]大量收集材料，特别是要收集到梅尔梅持的脚本。接下来做什么就不知道了，但无论如何不会回俄国过节。[……] 继巴黎之后，要另找一处静僻的地方工作，然后我会经圣彼得堡返回俄国长住。

现在我必须老老实实为组曲[②]配器，以便完成后全力投入歌剧创作。我的朋友啊，我为这部歌剧积累了多少材料，多么想在完成当前的作品之后立即全身心地投入。当手头现有的作品尚未完成之前，我每天都得强忍着不去着手新的创作。

---

① 即“圣女贞德”，法国 15 世纪民族英雄，别名“奥尔良的少女”，柴科夫斯基以此题材创作了歌剧《奥尔良少女》。

② 指 1878 年 8 月开始构思的第一组曲（Op.43，D 小调）。在给《奥尔良少女》配器时，柴科夫斯基曾对组曲加以修改，因此按最终完成顺序，组曲排在歌剧之后。

# 要收集所需要的东西来启动歌剧

1878 年 11 月 30 日

佛罗伦萨

亲爱的朋友，我很高兴您将延长在此地逗留的时间。[……] 我决定从这里直接前往巴黎，首先是要收集所需要的东西来启动歌剧，[①] 其次是听听音乐。如果能找到一个安静的住所（不是旅馆），就可能会在那待上三个星期左右。如果没找到，我很

① 柴科夫斯基于 1868 年读到俄国诗人瓦西里·茹科夫斯基对席勒的戏剧《奥尔良的姑娘》的俄译本，埋下了创作歌剧的念头。1878 年，为构思和创作歌剧，他广泛参考了围绕“让娜·达尔克”（席勒戏剧中的历史人物的本名，史称“圣女贞德”）的相关资料，例如，梅克夫人提供的法国历史学家亨利·瓦隆的专题著作、法国剧作家保罗·朱尔·巴尔比耶的戏剧、奥古斯特·梅尔梅特的歌剧（首演于 1876 年）的脚本。1878 年 12 月起，柴科夫斯基着手进行脚本和音乐的创作。1879 年 8 月完成了四幕歌剧《奥尔良少女》，并将作品题献给指挥家爱德华·纳普拉夫尼克。（详见 http://www.tchaikov.ru/deva.html）

可能从那出发，前往克拉朗，早春时节再返回俄国。我在巴黎是可以创作的，就像在每个没有亲戚或熟人的大城市一样。这是我的经验之谈，因为我第一部歌剧的大部分都是 1868 年在巴黎的三个月间写的。[①]

① 柴科夫斯基的第一部歌剧《督军》（Op.3）从 1867 年开始创作。1868 年 5 月，应学生兼好友弗拉基米尔·什洛夫斯基的出行之邀而中断。他先抵柏林，后赴巴黎，在巴黎停留期间继续创作。（详见 http://www.tchaikov.ru/voevoda.html）

# 在拿到脚本之前，我无法全身心地投入创作

1878年12月6日

佛罗伦萨

[……] 无论通过何种方式，我都想得到“让娜·达尔克”的脚本，这是大约五年前在巴黎上演的一部歌剧[①]。这部歌剧的乐谱还没出版，但我几乎可以确定脚本已经出版了，是可以获得的。如果已经买不到，我就自留一份复印的副本。我记得报上评论说脚本写得非常出色，在拿到脚本之前，我无法全身心地投入创作。我手上只有茹科夫斯基翻译的席勒的戏剧。很明显，歌剧的脚本不可能严格按照席勒的戏剧来写，里面人物太多了，小插曲也太多了，脚本需要重新写，而不仅是缩减原作。因此

① 即梅尔梅特的《让娜·达尔克》（Op.4），首演于1876年4月。

我想知道，具备舞台天赋的法国人是怎么做的。另外，我还想潜心研究资料，全面浏览关于让娜·达尔克的文献。这样做是因为，举例来说，在席勒的戏剧中有一个让娜与莱昂内尔战斗的场景，而我出于种种考虑，想把莱昂内尔换成蒙哥马利。[①] 这样可行吗？［……］

① 在席勒的戏剧中，圣女贞德在举剑之际被敌军将领莱昂内尔的爱意打动，放了他一条生路。之后敌军阵营的蒙哥马利被俘，蒙哥马利苦苦哀求，没有获得宽恕。

# 歌剧应该是所有音乐体裁中最具普及性的

1879 年 1 月 23 日

克拉朗

歌剧第三幕第一场已经结束，明天着手写第四幕第一场。[……] 我现在深信，歌剧应该是所有音乐体裁中最具普及性的。歌剧的风格和交响乐、室内乐的风格之间的关系，应该像装饰画和经典绘画作品之间的关系一样。当然，这并不是说歌剧音乐比其他各类音乐要浅薄。不！问题不在于思想分量，而在于风格，在于表达的方式。[……] 我已经完成了第三幕第一场，明天将开始第四幕第一场。眼前的困难令我非常为难。我很想带着这个正在创作的场景从此处离开，前往巴黎。

## 一幅完整的“画面”

### 1879 年 5 月 29 日

### 卡缅卡

今天我完成了歌剧的第一幕，总谱篇幅很长。我看着完成的总谱，感到心满意足！对音乐家来说，总谱不仅汇集了各种音符和休止符，还如同一幅完整的“画面”，上面有主要、次要和从属的形象，最后还有背景，一切都清晰可见。对我来说，管弦乐总谱不仅让我预先体验到听觉上的满足，还带给我直接的视觉上的满足。因此，我会一丝不苟地保持自己总谱的整洁，不容半点修改、涂改或是笔墨污点之处。亲爱的朋友，我一定要向您炫耀我清晰整洁的谱面，一有机会就让您看看我的总谱。我想，如果有机会造访西马基[①]，一定会把歌剧总谱寄给您瞧瞧。

① 指梅克夫人在布拉伊洛夫的庄园。

## 愉快的时刻之一

1879 年 6 月 12 日

卡缅卡

［……］我的工作进展得相当快，这让我感到些许疲劳，尤其是现在，因为天气炎热，苍蝇让人难以忍受，不过工作也给我带来很多乐趣！当抽象的乐思通过某件乐器或一组乐器转为实际形式，所感受到的欣慰是难以言表的。这即便不是创作过程中最愉快的时刻，也是愉快的时刻之一。如果像现在这样，意识到所写的作品意味着事业上的再进一步，这愉快就加倍了。

## 又添了一桩麻烦事

1880年3月16日

圣彼得堡

目前除忙于其他工作外，又添了一桩麻烦事。尤尔根松从剧院管理局取来了我歌剧的钢琴缩编谱。缩编谱的副本抄得太马虎，错误百出。纳普拉夫尼克[①]请我检查一遍，我今天便整日埋首于这项非常烦人的工作。很快就将决定我的歌剧能否在下个季度上演了，而这项决定却让我非常害怕，我完全不确定这个决定是否对我有益，我为此事还将费多少周折。下星期五我要去康斯坦丁·尼古拉耶维奇大公家赴宴。他一直关心我的音乐作品，其影响

① 爱德华·纳普拉夫尼克（1839—1916），波西米亚作曲家、指挥家。1861年起在圣彼得堡任歌剧、交响音乐会指挥，曾指挥过柴科夫斯基3部歌剧的首演。

对我十分重要。您可以想象，我现在已经习惯于摆脱人际关系的一切烦恼，而大公赐宴的荣耀会令我感到多么为难。此外，还要（按常例）拜访戏剧界的诸多名人。我为自己的歌剧将要花费多少心思，而谁又知道有无效果！总之，我难以用笔墨形容目前所处的窘况，以及力求摆脱的心情。

## 这种腐朽气氛令我恶心

1880年8月13日

卡缅卡

［……］您知道吗，我的“翅膀”因歌剧的上演而承受重压。我不得不深陷剧院琐事与官僚事务的汪洋，这种腐朽气氛令我恶心。他们耍伎俩，搞小动作，野心勃勃，施展各种诡计，狂妄自大。[①]我该怎么办！要么不写歌剧，要么做好准备面对这一切。

---

① 柴科夫斯基在1881年2月1日寄给梅克夫人的信中写道：“［……］制作上却太惨了。剧院管理局为制作新的芭蕾舞剧而花费数万，却拒绝为新的歌剧投入哪怕是一戈币。所有布景和服装都是旧的破烂货。还能做什么？只能寄希望于优质的音乐表演来解救这部歌剧了。［……］我多希望能逃离这充满琐碎争吵、吹毛求疵和官僚主义的愚蠢世界！”（详见 http://www.tchaikov.ru/deva.html）

而我真的认为，我永远不会再写歌剧了，[①] 我将停留在室内乐和交响乐领域。实话说，一想到今年春季我所遭受的一切，还有我为歌剧上演而奔走忙碌，就对创作歌剧感到沮丧。太麻烦了！太可怕了！［……］

① 此后十余年间，他创作了《马捷帕》(1881—1883)、《女巫》(1885—1887)、《黑桃皇后》(Op.68，1890）和《约兰达》(Op.69，1891）4部歌剧，并将《铁匠瓦库拉》重新修订为《女靴》(1885)。

# 这一场全部遭禁了

## 1880年9月19日

## 卡缅卡

昨天我从皇家剧院管理局得到正式消息，说是我的歌剧通过了，将在1月上演。与此同时，给我送来了审查部门通过的脚本副本，上面标出的限制是：脚本中的大主教要改称朝圣者（？），所有关于十字架的对话都要避免，舞台上也不准出现十字架。这多么差劲！问题在于，在歌剧结尾，让娜被押上火刑台后紧盯着十字架，是一名士兵将两根棍子绑成一个十字架交给了她。由此，这一场全部遭禁了。[①] 其他一些地方也要更改脚本和场景。但最

① 歌剧《奥尔良少女》首演于1881年2月13日马林斯基剧院，纳普拉夫尼克指挥。尽管，这部实际上需要豪华而绚丽的舞台效果的歌剧的首演借用了其他演出的旧布景和旧服装，却获得了巨大成功并演出数场。由于歌剧首演于（转下页）

可笑的是要按命令把大主教改称朝圣者，这毫无理由。有谁能想到这种指示是出自官方机构，它负责审查全俄的出版物，应该由开明人士组成！毫无办法，我只有服从。

---

（接上页）宗教节日的斋期之前，评论界显得不够友好，歌剧很快停演。1882 年秋季再演数场。此后直到作曲家去世都再未搬上舞台。柴科夫斯基去世前几日曾打算重写最后的行刑场景。（详见 http://www.tchaikov.ru/deva.html）

# 第一组曲（Op. 43）

## 将由五个乐章组成

1878年8月25日

韦尔比夫卡

[……] 我在脑海中构想了一系列管弦乐作品，其中应该有按拉赫纳[①]手法写的组曲[②]。到达韦尔比夫卡时，我感到完全无法压制内心的冲动，便匆忙在纸上写下组曲和草稿。我在创作中感受到了愉悦和热情，几乎没注意到时间的流逝。目前，这一未来的管弦乐作品的三个乐章已经完成了，第四乐章已经有了初步轮廓，而第五乐章还在我的脑海中。像往常一样，当毫不费力、凭心驱使地工作时，我

---

① 弗朗茨·拉赫纳（1803—1890），德国指挥家、作曲家。曾在维也纳、曼海姆、慕尼黑担任指挥，作有歌剧、清唱剧、8部交响曲和若干首室内乐作品等。

② 柴科夫斯基在1879年2月20日寄自巴黎的信中写道："我在音乐会上 [……] 没等到拉赫纳的组曲。我熟悉这首作品，它虽然相当不错，但带给人的疲乏感胜过了它的优点。"——译注

丝毫不觉得疲倦。在我看来，当自己的天性点燃了灵感之火时，我无权压制它［……］组曲将由五个乐章组成：引子与赋格、谐谑曲、行板、间奏曲（舞会的回声）、回旋曲。[①]［……］我无法把它题献给我最好的朋友之外的任何人，也许会写上和第四交响曲一样的题献，或者如您所愿什么也不写，也就是说，只有我们二人知道它实际上是题献给您的。［……］

① 第一组曲（Op.43，D 小调）创作于 1878 年 8 月至 1879 年 4 月。最初计划有 5 个乐章。最终完成并出版时，共 6 个乐章，依次为：引子与赋格、嬉游曲、间奏曲、小进行曲、谐谑曲、加沃特舞曲。

## 鲁宾斯坦抱怨组曲难度太大

1879 年 12 月 20 日

*罗马*

［……］昨天收到尤尔根松的来信。看来，我们的组曲[①]已经在两星期前演出了，而我的朋友中没有一人打算发来电报，告诉我演出成功。其中小进行曲最受欢迎，我最初曾打算将它删去，但因塔涅耶夫劝告才留下了。他向我预言说，由于配器动人，小进行曲将比其他乐章更受欢迎。我从尤尔根松的信中看到，鲁宾斯坦抱怨组曲难度太大。[②]这让我感到惊讶、伤心和恼火。毫无疑问，它比我之

---

① 和第四交响曲一样，第一组曲也题献给梅克夫人（见 1878 年 8 月 25 日通信）。在与梅克夫人通信时，柴科夫斯基将第一组曲也称为“我们的”。——译注

② 第一组曲于 1879 年 12 月 8 日首演于莫斯科，尼古拉·鲁宾斯坦指挥。

前许多作品都要简单。为什么鲁宾斯坦会觉得特别难呢？我已经寄信给塔涅耶夫，委托他了解全部演出细节，并告诉我难在何处。我亲爱的朋友！组曲已经印出来了。我非常希望您会对四手联弹的改编感到满意，不过我要提前预告，它的改编不像第四交响曲的改编那么高明。组曲是献给您的，但这只有您和我知道。我没在扉页上写明题献给谁，就像在我们的交响曲上那样。[……]我不想写下同样的话——“献给我最好的朋友”，免得被人打听猜测我这位“最好的朋友”是谁。

# 只是为了使组曲免于节奏单调

**1880 年 2 月 16 日**

**罗马**

［……］您问我为什么将组曲的第二乐章称作嬉游曲，这个问题把我带回到那段在西马基度过的难忘而无比幸福的日子。您应该记得，当时我正忙于为歌剧[①]配器。一个下午，我坐在阳台上感慨自己的幸福和郁郁葱葱的舒适花园中的美妙景色时，想起了我的组曲，突然意识到组曲里的五个乐章都是二拍的。这使我很吃惊。该怎么办？我立即决定增加一个篇幅不大的第六乐章，使用平静的圆舞曲节奏。由于处理十分得当，我的想法很快就落实了，新加的乐章立即就送到尤尔根松手里。我不知道该怎么称这个新的乐章，于是就采用了首先映入

① 指歌剧《奥尔良少女》。

脑海的“嬉游曲”。我认为，它在其他各乐章中间没有什么重要的意义，它的加入只是为了使组曲免于节奏单调。我一口气就将它写完了，而且要比对其他几个乐章的思考和润色少很多，不过看来，这并未妨碍它像其他乐章那样称人心意。我不仅从您这里，也从其他人那里了解到这样的看法。事实已经数以千次地向我证明，创作者永远不要评价自己的作品。

## 第二钢琴协奏曲（Op.44）

### 我意识到自己缺乏工作

**1879年10月12日**

**卡缅卡**

[……]我读了很多书，甚至写了一点东西。我现在比以往任何时候都更确信自己无法长期不工作。几天前，我从心底开始对自己产生了模糊的不满，这种不满一点点变成厌烦。我热衷的阅读和散步都不足以填满我的时间，而且都变得不像作为休息活动时那么有吸引力了。我意识到自己缺乏工作，于是开始一点一点地创作，无聊的感觉立刻就不见了，内心也轻松了。我开始写一部钢琴协奏曲。我将不慌不忙、毫不受累地进行这项工作。

# 我的音乐新生儿开始成长

1879 年 10 月 15 日

卡缅卡

距离到达那不勒斯还有整整一个月！我在等待这一天，就像一个学生在等待毕业典礼，或是像一个孩子在等待命名日[①]和礼物，同时我在这里过得很好。我的音乐新生儿开始成长，它的性格特征逐渐形成。我很愿意写这个作品，但每次都只写一点，力戒像过去那样急急忙忙。急就章的效果总是不好的。

① 命名日是俄国传统生活中孩子出生后接受洗礼的日子，当天由神职人员根据所纪念的圣徒为孩子命名。

## 这一切给巴黎带来一种非常特别的景象

1879 年 11 月 23 日

巴黎

我刚刚散步回来，天气非常好。像这样的天气，如果不能出去兜风，呼吸一下新鲜空气，真是太可惜了。不过乘车出行并不太方便，许多小街上根本没有车行道。我很高兴能看到这样的巴黎，大量积雪覆盖了街道和人行道，积雪吞没了马车的噪音，四周一片寂静，这一切给巴黎带来一种非常特别的景象。昨天晚上相当奇怪，马车交通完全停摆，人行道上空无人迹。剧院也受到严重影响，报上说收入相当惨淡。今天早晨工作进展顺利。末乐章将告完成，随后将写行板乐章，已经有了腹稿。之后会在意大利修改几部旧作品，特别是第二交响曲。

## 我的协奏曲草稿完成了

1879 年 12 月 3 日

巴黎

[……] 我有一个请求，亲爱的朋友。我想留下帕谢克的回忆录[①]。您寄来时，我只读了第二卷的后半部分，昨天才开始读第一卷，我发现它出奇有趣。我可以把这些书留在身边并带回俄国吗？我的协奏曲草稿完成了，我对它很满意，特别是行板第二乐章。

---

① 即塔季扬娜·彼得罗夫娜·帕谢克（1810—1889）的回忆录《来自遥远的年代》（三卷，1872 年、1873 年、1881 年）。帕谢克是亚历山大·赫尔岑的亲属，该书讲述了赫尔岑的童年和青年时期，并展现了所处时代的俄国社会情绪。

# 我希望这次他也会改变看法

**1880 年 9 月 28 日**

**卡缅卡**

尼古拉·鲁宾斯坦[①]向我谈了他对第二钢琴协奏曲[②]的意见，他说钢琴部分过短，在乐队中不够突出。我认为他错了。其实他只是粗略浏览了一下，而我希望他随着对作品了解的加深，他的看法会有所改变。总的来说，鲁宾斯坦对于新写的、他还生疏的作品的评价很多时候是不公正的。在我印象中，他对某几部新作品的敌意曾经数次深深地伤害过我，而之后，过了一两年，他又彻底改变了态

---

① 尼古拉·鲁宾斯坦（1835—1881），俄国钢琴家、作曲家。

② 第二钢琴协奏曲（Op.44，G 大调）创作于 1879 至 1880 年，题献给钢琴家、作曲家尼古拉·鲁宾斯坦。1882 年 5 月 30 日俄国首演时，却由塔涅耶夫担任钢琴独奏（尼古拉·鲁宾斯坦之兄、作曲家、钢琴家兼指挥家安东·鲁宾斯坦指挥）。在此半年前，即 1881 年 11 月 12 日，第二钢琴协奏曲已首演于纽约。

度。我希望这次他也会改变看法，如果他最初的看法是对的，那就太遗憾了。因为我要确保的，正是独奏乐器在乐队的背景下要尽量突出。[①]

尼古拉·鲁宾斯坦
（1835—1881）

安东·鲁宾斯坦
（1829—1894）

① 柴科夫斯基曾打算修订第二钢琴协奏曲。他逝世后，钢琴家济洛季主笔完成修订，1897 年出版。——译注

## 我开始用民间主题创作

1880年1月16日

罗马

我的身体目前情况良好。我开始用民间主题创作，正在进展中的是一首意大利幻想曲的初稿。我打算写一首像格林卡的《西班牙幻想曲》那样的作品。①

① 柴科夫斯基最初设想的“幻想曲”后来改称“随想曲”。信中提到的“《西班牙幻想曲》”实为格林卡创作于1845年的《辉煌随想曲》（也称《第一西班牙序曲》或《阿拉贡霍塔舞曲》），其中使用了源于西班牙阿拉贡地区的舞曲节奏。格林卡的这部作品及其1848年创作的《第二西班牙序曲》（或称《马德里之夜》）均首演于1850年圣彼得堡。——译注

# 它的动人归功于主题

1880年1月23日

罗马

我们现在正处于狂欢节的最高潮。亲爱的朋友，我曾经说过，最初我很不习惯这种疯狂劲头，而现在我对此有些适应了。[①] 当然，这里狂欢节庆祝活动的特点是由气候和古老习俗决定的。[……]

[……]我一直处于曾向您提过的焦虑和烦躁的精神状态，睡眠不好，精神欠佳，但近来毕竟做了一些工作。我完成了民间主题的《意大利随想曲》的初稿，在我看来，可以预计它会有一个好的前景。它的动人归功于主题，一部分主题选自曲

① 柴科夫斯基于1879至1880年间在罗马过冬。他创作《意大利随想曲》时，正值罗马狂欢节。——译注

集，另一部分主题是我从大街上亲耳听到的。[①]

我很想在回俄国之前去一趟那不勒斯，但不知能否成行。

---

① 1879 年 12 月 15 日，柴科夫斯基在信中写道："昨天我在街上听到一首美妙的民歌，立即就把它用上了。"这里提到的歌曲难以确定，可能是他这时期记录的歌曲《西库扎》。——译注

## 乐队是精彩而华丽的

1880 年 5 月 12 日

卡缅卡

刚刚完成《意大利随想曲》[①] 的配器。不知道这首作品会有什么特殊的音乐价值，但我预料到，它会是听起来动人的，也就是说，乐队是精彩而华丽的。现在我将着手四手联弹谱，尽量写得简单些。[②]

---

① 管弦乐作品《意大利随想曲》（Op.45，A 大调）创作于 1880 年，题献给大提琴家、作曲家卡尔·达维多夫。全曲为单乐章，在传统管弦乐队编制中，加入了三角铁、铃鼓、颤音琴和竖琴等。作品于 1880 年 12 月 6 日在莫斯科首演，尼古拉·鲁宾斯坦指挥。之后在圣彼得堡、里加、伦敦、纽约、汉堡等多个城市演出。1892 年在华沙由柴科夫斯基亲自指挥。

② 此作品的四手联弹改编由柴科夫斯基于 1880 年 5 月亲自完成。

## 《弦乐小夜曲》（Op. 48）

### 我还不知道要选择哪一个

1880年9月9日

卡缅卡

我所有长期休息的打算都是一如既往徒劳的！一整串无所事事的日子几乎还没开始，我就感到一种忧郁甚至不健康的状态，无法睡好，感到疲惫和虚弱。今天我没忍住，稍微构思了一下未来的交响曲，结果呢？我发现自己立刻就变得健康、清醒和平静。事实证明，除了旅行之外，我无法连着两天无所事事。当然，这有好的一面，也有坏的一面。我非常害怕成为像安东·鲁宾斯坦那样的写手，他觉得每天用新作品招待公众仿佛是一种义务。[……]过去的几天里，我一直想做些事，可以让我暂时忘掉音乐，而且还能让我真正产生兴趣。唉！我不能在任何事上停下来。[……]

看来，除了作曲外，没有任何方式可以占据我的时间，满足我内心对工作的需求。这会儿我已经在构思一部交响曲或弦乐五重奏了。我还不知道要选择哪一个。[①]

---

① 在构思之初，柴科夫斯基曾在大型管弦乐编制的交响曲和弦乐五重奏之间举棋不定。在最后完成的小型乐队作品《弦乐小夜曲》总谱上，他写道："弦乐队编制越大，越符合创作预期"。——译注

## 我写下了未来作品的三个乐章

1880年9月25日

卡缅卡

[……] 我写下了未来作品的三个乐章，这将是一首为弦乐队而作的组曲[①]。我收到消息说，《奥尔良少女》在圣彼得堡上演时，《叶甫盖尼·奥涅金》也将在莫斯科大剧院演出。我为自己歌剧的上演而预感不祥！就像我确信不会有合适的歌手来饰演《奥尔良少女》中的乔安娜，我同样

① 《弦乐小夜曲》(Op.48，C大调) 创作于1880年，与后来的第二、第三组曲一样，都脱胎于最初的交响曲构思。全曲共4个乐章：第一乐章，奏鸣曲式；第二乐章，圆舞曲；第三乐章，抒情的“挽歌”；第四乐章，以俄罗斯民歌《苹果树下》作为主题。在1880年10月10日通信中，柴科夫斯基写道：“小夜曲 [……] 是遵照内在愿望创作的，这是有感而发的音乐，因此我敢肯定，它没有失去真正的优点”。——译注

确信在莫斯科找不到合适的“塔季扬娜”或“连斯基”[1]。

① 塔季扬娜、连斯基是歌剧《叶甫盖尼·奥涅金》中的主要角色。

## 那的确只是音响游戏

1881 年 8 月 24 日

卡缅卡

我十分希望您能有机会听到我的小夜曲的真实演奏，[①] 它用钢琴演奏会丧失许多特点。我认为，如果用小提琴演奏两个中间乐章，将会赢得您的好感。不过，您对第一乐章和末乐章的意见是完全正确的，那的确只是音响游戏，不可能触动心弦。在第一乐章里，我向自己对莫扎特的崇拜让步了；这里故意模仿了他的手法，如果人们发现我没有过分脱离所选的范本，我将感到欣慰。我亲爱的朋友，

① 梅克夫人和法国作曲家德彪西一同弹奏了柴科夫斯基改编的四手联弹谱（德彪西于 1881 年在梅克夫人家度中过夏季）。梅克夫人在 1881 年 8 月 14 日通信中写道："因为很有难度，我还没有理解它"。《弦乐小夜曲》于 1881 年 10 月 18 日在圣彼得堡正式首演，纳普拉夫尼克指挥。在此之前已由莫斯科音乐学院师生在尼古拉 · 鲁宾斯坦指挥下内部演出。——译注

不要嘲笑我如此袒护自己的新生儿。我对它如父亲般的感情可能依然热切，因为从那之后我没写过任何东西。我亲爱的，如果您不太赞成我写的某个作品，千万不要道歉，我从没想过要责怪坦率表达的意见。难道我希望您总是无条件地赞美我吗？正相反，您越是诚实地分享对我音乐的印象，您的肯定就会越让我高兴。不过，我确实希望，就算不是整首小夜曲，其中的某些部分也会成为您的最爱之一。我非常、非常希望！

# 《1812序曲》（Op. 49）

## 序曲将是十分响亮热闹的

1880 年 10 月 10 日

卡缅卡

我的缪斯近来对我十分垂青，[……]我很快就完成了两首作品：应尼古拉·鲁宾斯坦的要求为博览会写的一首大型庆典序曲；四个乐章的弦乐小夜曲。我现在正逐步为这两首乐曲配器。序曲将是十分响亮热闹的，但我写它时毫无亲切之感，因此其中也当然谈不上什么艺术价值。①

---

① 1880 年 5 月尤尔根松转告柴科夫斯基，尼古拉·鲁宾斯坦被任命为 1881 年全俄博览会的音乐负责人，并希望柴科夫斯基可以为开幕式或亚历山大二世加冕 25 周年之际创作一首庄严的序曲。柴科夫斯基在回信中坦率地写道："在一位高层人物（他总是对我相当反感）的庆典[……]中，没有任何事物能给我灵感"。收到尼古拉·鲁宾斯坦的亲笔信后，柴科夫斯基还是应下委托。他在给弟弟的信中写道："……我对这工作毫无好感。但我将履行诺言"。（详见 http://www.tchaikov.ru/1812.html）

# 这个突然的小小灾难令我很担心

1880 年 10 月 27 日

卡缅卡

我怎么也不能完全恢复健康，现在每天头疼，过去从来没这样严重过。总是在头部同一个地方疼，像有一枚针在刺着，稍微一用脑就会招来疼痛，无法医治。疼痛会在不知不觉间突然自行消失。我完全不能工作，甚至一封简单的信也写不了。这个突然的小小灾难令我很担心，因为我刚开始为博览会的序曲配器，看来不得不彻底休息几天了。

［……］有许多话要讲，留到下次吧。头痛难忍。[①]

---

①《1812 序曲》（Op.49，降 E 大调）完成于 1880 年 11 月。1882 年 8 月 8 日，作品首演于莫斯科全俄博览会，伊波利特·阿尔塔尼指挥。柴科夫斯基生前，此作品多次演于莫斯科、斯摩棱斯克、巴普洛夫斯基、敖德萨等俄国城市，在国外也颇受欢迎，多次演于布拉格、柏林、布鲁塞尔等城市。外界的欢迎逐渐改变了作曲家的态度，1887 年他将此作品列入自己的专场音乐会曲目。《1812 序曲》至今仍是柴科夫斯基最受欢迎的作品之一。（详见 http://www.tchaikov.ru/1812.html）

## 钢琴三重奏（Op.50）

# 您问我为什么不写三重奏

1880 年 10 月 24 日

卡缅卡

您问我为什么不写三重奏？[1] 请原谅，我的朋友！我很想让您如愿，但这超出了我的能力范围。原因是，[……] 这种音响组合在我看来是相互干扰的，请您相信，听到带有小提琴或大提琴的三重奏或奏鸣曲，对我来说，纯粹是折磨。我不打

---

① 梅克夫人的提议在柴科夫斯基心中埋下了"种子"。1881 年 3 月 23 日莫斯科音乐学院院长、好友尼古拉·鲁宾斯坦在巴黎去世，柴科夫斯基在 3 月 28 日寄给梅克夫人的信中写道："我感到自己含混地萌生了一个模糊不清的、一闪而过的想法。一位我身边的好人从世上消失了，而如果我模糊地想着什么或表达着什么，显然就还是在感受着什么的。脑海中一片漆黑，一无所有，对于脆弱的心灵来说，死亡、生命的目的和意义、生命的无限和有限等问题，是无解的"。友人去世所引发的感受成为柴科夫斯基创作三重奏的内在动因。（详见 http://www.tchaikov.ru/trio.html）

算解释这种生理现象，只提出问题。[……]小提琴、大提琴、钢琴这三者的勉强组合算什么呢？每一件乐器的长处都消失了，小提琴和大提琴的歌唱性的、亲切的音响带有奇异的色彩，而在乐器之王旁边只会显现一种单方面的优点，钢琴则枉然地努力表示它也能像对手那样歌唱。在我看来，钢琴只能在三种情况下出现：独奏；与乐队竞争；作为伴奏，也就是为画面衬托。但三重奏却意味着平等和均衡，在一面有弦乐器，另一面有钢琴的情况下，怎么会有平等和均衡呢？不会有的，这就是为什么在钢琴三重奏中始终有某种牵强之处。三件乐器中的每一件所不断演奏的东西，并不真正契合该乐器的固有性质，而是由创作者强加的。因为创作者经常碰到困难，不知该如何安排自己乐思的声部和构成部分。我十分尊重诸如贝多芬、舒曼、门德尔松等作曲家们的艺术，以及他们克服这些困难的卓越能力。我知道，许多三重奏作品都有出色的音乐质量，但我不喜欢三重奏这种形式，所以不能为这种音响组合写什么带有真切感情的作品。亲爱的朋友，我知道我们在这方面有分歧，您与我相反，是喜爱三重奏的。尽管我们的音乐天性有种种相似之处，但我们毕竟是两个精神独立的个体，因此细节上的差异是不足为奇的。

我多想让您如愿，写一首三重奏！当然，为了让您如愿，我已准备随时动手创作了。但是，如果我的作品里没有真正的灵感，您是不会中意的！而真正的灵感是不可能获得的，我一想到三重奏的音响就有一种纯粹生理上的不适。

# 能否写完，能否成功，我不知道

1881 年 12 月 15 日

罗马

亲爱的朋友，您知道我开始写什么了吗？您会非常惊讶。您是否记得，曾经建议我为钢琴、小提琴和大提琴写一首三重奏，是否记得我在回信中坦率表达了我对这种乐器组合的反感？而现在，突然之间，尽管反感，我还是打算在这个没有接触过的音乐类型上一试身手。我已经写了三重奏的开始部分。能否写完，能否成功，我不知道，但我很想善始善终。希望您会相信，我与自己不喜欢的钢琴与弦乐器的组合所达成和解的主要原因或者说唯一的原因是，我想让这个三重奏令您心情愉快。说实话，用一种新的、不习惯的形式（форма）处理自己的乐思是一件费力的事，但我打算克服一切困难。

# 现在我对这项工作有了兴趣

1881 年 12 月 23 日

罗马

亲爱的朋友，不要以为我对三重奏的创作感到疲倦。我的听觉不习惯这三种乐器的组合，最初我需要努力适应，不过，现在我对这项工作有了兴趣，并且乐在其中。一想到这件作品会给您带去愉快，工作就产生了巨大乐趣。[①]

① 在不久后（1882 年 1 月 9 日）寄给弟弟的信中，柴科夫斯基写道："我完全沉浸于自己的三重奏了，这种之前没有接触过的形式令我着迷。"（详见 http://www.tchaikov.ru/trio.html）

## 初稿今天早晨完成了

1882 年 1 月 6 日

罗马

三重奏的初稿今天早晨完成了。我现在要重写《晚祷礼拜》[①]，这首作品是在夏季写完的，之后没来得及修改。我暂且将三重奏放一放，离开它一段时间，会对作品有利，过些日子再来修改。一旦准备好，我就把它的副本寄给您。[②]

---

① 混声合唱作品《晚祷礼拜》（Op.52）起草于 1881 年 5 月，完成于 1882 年 3 月。尼古拉·鲁宾斯坦的去世引发了柴科夫斯基关于死亡、人生意义的感悟，他自发以宗教题材创作，并为此仔细研究了东正教音乐的传统，力求生动地传达古老而传统的吟唱。这是他较少被世人关注的合唱作品之一，包含 17 首分曲，首演于 1882 年 6 月 27 日莫斯科。（详见 http://www.tchaikov.ru/liturgia.html）

② 钢琴三重奏（Op.50，A 小调）完成于 1882 年 2 月，副标题为《纪念一位伟大的艺术家》，题献给尼古拉·鲁宾斯坦。

## 我担心它不能符合原来的意愿

1882 年 1 月 13 日

*罗马*

我已完成三重奏，正在全力誊抄。现在，当作品已经完成之际，我可以断言，它大体上错不了。我只担心，自己一向从事管弦乐创作，而此时转向室内乐这一陌生类型的创作已为时过晚，在运用这种乐器组合时也可能不合规范。总之，我担心它不能符合原来的意愿，而是成为一首交响乐化的三重奏。[1] 但愿不至于如此，不过结果难料。

---

① 柴科夫斯基在 1882 年 1 月 30 日寄给梅克夫人的信中写道："三重奏将只有两个乐章。第二乐章是主题与变奏，其中最后一个变奏将是全曲的末乐章。"——译注

# 大家都很称赞

1882 年 3 月 17 日

佛罗伦萨

我收到莫斯科来的电报。在尼古拉·格里戈里耶维奇[①]逝世周年纪念日（3 月 11 日）当天，莫斯科音乐学院演奏了我的三重奏，大家都很称赞。我为此十分高兴。[②]

---

① 即尼古拉·鲁宾斯坦（全名尼古拉·格里戈里耶维奇·鲁宾斯坦）。

② 柴科夫斯基在演出前曾向好友、出版人尤尔根松对钢琴三重奏的总谱出版样式、演奏人选提出要求（1882 年 1 月 28 日）："这首三重奏是为纪念尼古拉·格里戈里耶维奇·鲁宾斯坦而写的，它带有感伤色彩。作为纪念尼古拉·格里戈里耶维奇的作品，我希望它的装帧能精美一些。请塔涅耶夫在演奏三重奏时严格按照我所标明的速度。我希望下个演出季首先由谢尔盖·伊万诺维奇·塔涅耶夫演奏这首三重奏。"总谱出版后，柴科夫斯基充分肯定了友人的支持，他写道（1882 年 10 月 20 日）："您寄来的三重奏乐谱令我十分满意。我以往的任何作品还从来没有出版得这样精美，质朴的扉页设计令我叫绝。"（详见 http://www.tchaikov.ru/trio.html）

# 这令我受宠若惊

1882 年 10 月 30 日

卡缅卡

我的三重奏在莫斯科演出了，塔涅耶夫（我非常重视他的意见）在第一场四重奏晚会上演奏了它，还写了一篇评价作品优点的热情洋溢的乐评，这令我受宠若惊。[①] 他说，大体上莫斯科所有音乐家都非常称赞这首三重奏。[②]

---

① 1882 年 10 月 29 日，柴科夫斯基在给塔涅耶夫的回信中写道："您对我的三重奏的赞赏令我十分高兴。您是我心目中的权威。我不太在意报刊上的评论，经验告诉我要对之持冷静态度。而您的夸赞则令我有受宠若惊之感。"——译注

② 首演成员谢尔盖·塔涅耶夫（钢琴）、斯坦尼斯拉夫·巴尔采维奇（小提琴）、亚历山大·韦尔日比洛维奇（大提琴）一同在圣彼得堡、基辅、梯弗里斯（今第比利斯）、哈尔科夫、萨拉托夫、敖德萨、巴黎、柏林、莱比锡、布鲁塞尔、纽约、华盛顿等多座城市演出过这部作品。

# 您问我为何选择这个题材

1882 年 5 月 29 日

卡缅卡

亲爱的朋友，那封告诉您我将选择《马捷帕》创作歌剧的信，的确不见了。我亲爱的朋友，您问我为何选择这个题材？经过是这样的。一年前，卡尔·达维多夫（圣彼得堡音乐学院院长）寄给我由布列宁根据普希金的诗歌《波尔塔瓦》[1] 改编的脚本《马捷帕》。当时我不太喜欢它，虽然我试着给一些场景配了音乐，但就是不顺利，我便对这个题材冷淡下来，不再考虑它了。在这一年里，我曾多次试图为创作歌剧寻找其他题材，但都不成功。与此同

① 普希金的《波尔塔瓦》（1828）描绘了 1709 年俄国沙皇彼得一世与瑞典国王查理十二世的军队在波尔塔瓦的会战，俄军在会战中取得了压倒性胜利。——译注

时，我又很想写一部歌剧。所以在一个美好日子，我翻看脚本，重读普希金的诗，其中一些出色的场景和诗句打动了我，于是我就从玛丽亚和马捷帕的场景着手，这场的脚本是没有任何改动地从诗歌移植过来的。到目前为止，我还没有体会到像写《叶甫盖尼·奥涅金》时那样的深层创作乐趣。虽然整体上创作缓慢，我对剧中人物也没有产生特殊的吸引力，但我还在写，因为我意识到，既然已经开了头，总会取得一些成果的。关于查理十二世，要让您失望了，我的朋友，他在我的歌剧中不会出现，因为就马捷帕、玛丽亚和科丘别伊之间的剧情来说，查理十二世只有间接的关联。

## 它现在已经茁壮成长了

1882 年 6 月 30 日

格兰季诺

工作在紧张而按部就班地进行着。我逐渐感到，对这个题材即便说不上特别热情，但至少我对剧中人物是态度亲切的。就像母亲一样，越是关爱孩子，孩子就越会让她担心、烦恼和忐忑。我对自己的这个音乐新生儿怀有一种父爱，它曾经给我带来多少失望的、时而几近绝望的艰难时刻，尽管如此，它现在已经茁壮成长了。

# 从来没有一部大型作品像这部歌剧那样令我犯难

1882 年 9 月 14 日

卡缅卡

从来没有一部大型作品像这部歌剧那样令我犯难。[①] 莫非是能力下降了，或者是我对自己更加严格了。当我想起以前是如何毫不费力地创作，哪怕是短暂地怀疑自己、对自身力量感到绝望时，都丝毫不觉得创作费力，便不禁注意到自己已经变了一个人。过去我从事创作，就像鱼儿入水，鸟儿飞天，是那样自然。现在不同了，现在我就像肩负着宝贵却沉重的负担，唯有拼命向前。我会完成它的，不过我经常担忧自己的力量已经受损，会不得不停下来。

---

① 歌剧《叶甫盖尼·奥涅金》（1877 年 5 月至 1878 年 2 月）和《奥尔良少女》（1878 年 12 月至 1879 年 8 月）都在一年内完成，《马捷帕》（1881 年 4 月至 1883 年 5 月）的创作耗时两年有余。

# 我的工作在缓步前进

1882 年 11 月 3 日

卡缅卡

我的工作在缓步前进。几天后歌剧第一幕的总谱有望完成，这是整部作品的三分之一。[①] 亲爱的朋友，我觉得要是上天会延长我的寿命，我就绝对再也不碰歌剧了。我不会像您和其他许多人那样，说歌剧是音乐艺术中的下品。与此相反，我认为歌剧集多种为同一个目的服务的因素于一身，可以说是最丰富的音乐形式。但我也感到自己最倾心的还是交响音乐。至少，显而易见，当我不必服从舞台场景的要求和条件时，会感到更加自由和独立。

---

① 三幕（六场）歌剧《马捷帕》的第一幕包含两场：科丘别伊在波尔塔瓦附近的庄园；科丘别伊家中。

# 也许这样他们就不会说我没有能力写一部好歌剧了

1883年5月3日

巴黎

［……］如果我时常被歌剧音乐吸引，那意味着我在歌剧上的能力并不比在其他领域中差。如果我在这一领域失败了，那只能证明，总的来说我远非完美，在创作歌剧时也会犯错，就像我在交响曲和室内乐作品中一样，其中也有许多不成功之处。如果我还能多活几年，那么也许我会等到《奥尔良少女》遇到合适的歌手，或者《马捷帕》被妥善地制作和上演，① 也许这样他们就不会说我没有能力

---

① 俄罗斯学者波琳娜·瓦伊德曼认为：《马捷帕》中的分曲经常被单独演唱，但整部歌剧还没有堪称经典的完整演出，原因在于柴科夫斯基对题材的处理有些复杂（基于历史事件，又不是纯粹的英雄主义歌剧），这部歌剧还有待在舞台上被妥善制作呈现。（详见 http://www.tchaikov.ru/mazepa.html）

写一部好歌剧了。但我知道，要他们改变对我这个歌剧作曲家的偏见会有多难。

歌剧《马捷帕》
总谱封面

# 今天是第一场演出

1884年2月3日

莫斯科

亲爱的、珍贵的朋友！看在老天的份儿上，请原谅我很久没给您写信了。一个星期以来，我一直处于极度紧张和焦虑的状态，惊人的是，我的健康状况是怎样承受了这一切！直到第三天晚上，我因彩排而达到焦急和疲惫的顶点。也是从那晚起，我体会到隐秘而深刻的悲伤。在《马捷帕》完整排演时，观摩听众从上到下座无虚席。音乐方面的排演非常顺利，但场景安排却非常糟糕，具体来说是布景没协调好，幕间休息没完没了，每个步骤都很混乱。无论是因为这个原因，还是因为一些演员只是轻声演唱的原因，听众的极端冷漠态度都令我震惊。我由此推断，这部歌剧并不能保证持久和长期的成功，这个念头现在正以难以置信的力量压迫和侵蚀着我。今天是第一场演出，明天在埃德曼斯多弗[1]指挥的音乐会上将演奏新写的组曲[2]，2月6日星期一将在圣彼得堡上演《马捷帕》。我会去看那里的第一场演出，但不会去看排演，因为最后一次排演将在明天进行。

---

① 马克斯·埃德曼斯多弗（1848—1905），德国指挥家，曾在莱比锡、莫斯科、不莱梅等地担任指挥。1882年应邀担任俄罗斯音乐协会指挥，兼任莫斯科音乐学院的配器与室内合奏教授。曾指挥柴科夫斯基多部作品的首演，柴科夫斯基的第三组曲（Op.55）即题献给他。1889年合约到期，在指挥家行将返德前，柴科夫斯基赠予他一根指挥棒作为告别礼。（详见 http://www.tchaikov.ru/mazepa.html）

② 即第二组曲（Op.53，C大调）。

# 几乎因忐忑和害怕而发狂

1884 年 2 月 7 日

柏林

[ …… ]《马捷帕》成功了，演员和我都获得多次鼓掌喝彩。我不会向您描述那天所经历的一切，只是感到几乎因忐忑和害怕而发狂。弟弟们考虑到我严重的神经衰弱，劝我不要去圣彼得堡，而是尽快出国。我照做了，而且我现在完全不后悔，因为我感到自己无法不加喘息地再次经历同样的紧张。今天早晨，我看到莫杰斯特的信，他告诉我，昨天《马捷帕》在圣彼得堡的首场演出也非常成功，陛下一直看到最后，并表示他非常高兴。[ …… ]

请原谅我，亲爱的朋友，我还没写关于《马捷帕》的细节，我还无法平静地谈论这一切。在演员中，我对帕夫洛夫斯卡娅[①]特别满意，她是一位具有过人天赋的、聪慧的女演员。

① 埃米利亚·帕夫洛夫斯卡娅（1853—1935），俄苏女高音歌唱家。以非凡的表现力著称，是莫斯科大剧院、圣彼得堡马林斯基剧院的独唱演员，曾在基辅、敖德萨、哈尔科夫等地巡演。

# 我从没想到，我的音乐在这里如此闻名

1886 年 4 月 6 日

梯弗里斯[①]

现在我已经对梯弗里斯非常熟悉了，还看遍了所有名胜。[……] 有一晚我是在音乐协会[②]的音乐会上度过的，一个非常糟糕且薄弱的管弦乐队在几乎没有听众的情况下演奏了一首非常复杂的乐曲。梯弗里斯这边有几位优秀而杰出的音乐家。其中最突出的是天才作曲家伊波利托夫-伊万诺夫[③]和亚美

---

① 格鲁吉亚首都城市，今第比利斯。

② 即俄罗斯音乐协会梯弗里斯分会。

③ 米哈伊尔·米哈伊洛维奇·伊波利托夫-伊万诺夫（1859—1935），俄国作曲家、指挥家。1894 年因管弦乐作品《高加索素描》一举成名。1925 年为穆索尔斯基的《鲍里斯·戈杜诺夫》中的“圣巴西尔大教堂场景”配器。

尼亚钢琴家科尔加诺夫[①]，后者曾在莫斯科音乐学院学习。他们对我关怀备至，尽管我更想低调些，却不得不被艺术同人的共鸣和爱戴所打动。我从没想到，我的音乐在这里如此闻名。这里比其他地方更多地上演我的歌剧，尤其是《马捷帕》，取得了巨大成功。所有这些都令我非常愉快，令我对梯弗里斯心生青睐，我非常喜欢这里。这边的天气总是温暖的，却又是多变的。树木披上新绿，鲜花遍地盛开，一片春意盎然。

① 瓦西里·达韦诺维奇·科尔加诺夫（1865—1934），俄苏音乐学家、音乐评论家、钢琴家。曾在《艺术家》《新时代》《戏剧与生活》等刊物上发表数篇音乐评论。著有《贝多芬的生活和创作》（1888）、《音乐中的普希金》（1899）、《柴科夫斯基在高加索》（1940）等。

# 第二组曲（Op. 53）

## 但我不打算急于求成

1883 年 6 月 27 日

波杜什金诺

［……］我对自己在这里的生活是全然满意的。越是熟悉这片风景优美、资源丰富的林地，就越喜欢它。我现在的工作是校对《马捷帕》，乐谱亟待付印。这部歌剧将于下个季度在莫斯科和圣彼得堡巡回演出，角色演员也已经确定了。我开始写一首新的组曲，但我不打算急于求成。①

---

① 1883 年夏季，柴科夫斯基住在弟弟阿纳托利位于波杜什金诺的家中，6 月开始创作第二组曲（Op.53，C 大调）。——译注

# 我却被一种不可战胜的创作力量占据

1883 年 8 月 10 日

波杜什金诺

[……] 现在我应该休息一下了，体验些许闲暇时光。然而，我却被一种不可战胜的创作力量占据，一天中所有空闲时间都专注于新的交响乐作品[①]。这是一首组曲。我希望过几天就能完成它的草稿，并在卡缅卡进行配器。

---

① 1883 年 8 月底，柴科夫斯基写完了第二组曲的全部草稿，并完成了第一乐章的配器。他在抵达卡缅卡之前已完成了第二、第三、第四乐章的配器，并着手改编为四手联弹。——译注

## 配器将在一个星期内就绪

1883 年 10 月 5 日

卡缅卡

［……］我沉浸于创作，都没注意到时间已经流逝。我认为，配器将在一个星期内就绪。[①]

---

① 写下此信当天，柴科夫斯基将第二组曲的第二、第三、第四乐章的总谱寄给了尤尔根松，在抵达卡缅卡后继续进行第五乐章的配器和四手联弹改编。在 10 月 9 日寄给弟弟阿纳托利的信中，他写道："已经在进行末乐章了。"整部作品完成于 10 月 13 日。——译注

## 人们称赞不已

1883 年 11 月 23 日

莫斯科

［……］我上个星期六出席了一场俄罗斯音乐协会的音乐会，音乐会上演奏了我的一部已经十六年未演奏过的交响曲。我面对特别热情的对待，像往常一样感到既愉快又受宠若惊，同时也感到窒息。我歌剧的演出拖了很久。剧院管理局总是这样，他们承诺要做很多工作，还要做好，可是全然不兑现。他们不仅还没进行排演，甚至连布景都没开始设计。我的歌剧很可能在明年 1 月底之前都不会上演了。［……］现在我即将动身去圣彼得堡看望莫杰斯特，也许还要为歌剧向剧院管理局请愿。［……］

昨天，在当地多位首要音乐家到场的协会活动

上，演奏了我新写的组曲[①]，人们称赞不已。[……]

① 第二组曲共5个乐章，柴科夫斯基称之为“特性组曲”，其中第一乐章是“声音的游戏”，第四乐章是“孩子的梦”。1883年11月22日作品首演于莫斯科。评论家利文森称赞道：“在实际上的小型乐曲的狭小篇幅内，柴科夫斯基集中了尤为丰富的、清新的旋律，将它们镶嵌在只有一流大师才能胜任的艺术框架中。”1884年3月5日，柴科夫斯基亲自指挥了作品在圣彼得堡的首场演出，“强力集团”成员、作曲家居伊评价作品是“技巧对灵感的胜利”。——译注

# 这项工作很吸引我

1883年10月25日

卡缅卡

［……］也许，在上一封向您提到完成组曲的信中，我曾说，现在可以休息了。我打算充分利用这次休息。每当从大型作品解脱出来，我都会这样说，而且我也乐于考虑如何安排短暂的闲散时光。但每次这都变成一句空话，我一休息就开始对闲散产生厌倦，就构思新的作品，就被新作品吸引着，重新开始了过度的、毫无必要急于完成的新的工作。我一生都注定是急于完成工作的。我知道，这对我的神经、我的工作都不利，却不能自已。只有在旅行中，我才能身不由己地真正休息，这就是为什么我所有的旅行都是对健康有益的，也就是为什么我永远都不会定居，而是四处漂泊，直到人生的

最后一天。

我现在正在创作构思已久的儿童歌曲集[①]。这项工作很吸引我，而且这些歌曲看起来可以取得成功。

---

①《儿童歌曲16首》（Op.54）创作于1883年，同年另作有6首歌曲（Op.57）。此后，柴科夫斯基还创作了若干歌曲，包括：1886年的12首歌曲（Op.60）、1888年的两套歌曲（Op.63、Op.65）和1893年的歌曲（Op.73）。

## 最近我特别喜爱组曲这一形式

1884 年 4 月 16 日

卡缅卡

我暂且还没有着手工作，而只是为未来的交响乐作品搜集材料。作品的形式尚未确定，可能是一部交响曲，也可能又是组曲。[①]最近我特别喜爱组曲这一形式，因为它让创作者自由行事，不必去将就任何传统的、程式化的手法和既定规则。

---

① 柴科夫斯基在寄出此信当天的日记中写道："[……]我试图为一首新的交响曲打下基础，但始终不满意。[……]这不是为未来的交响曲，而是为未来的组曲而播下的种子。"——译注

# 我从来没有体验过如此成功

1885 年 1 月 18 日

莫斯科

亲爱的、珍贵的朋友！

请原谅我如此懒惰，很少给您写信。我今天从圣彼得堡回来了，在那儿的狂热忙碌中度过了八天。虽然我每天都想给您写信，但或是被事务阻碍，或是感到疲惫（有时完全精疲力竭），都令我无法提笔。最初几天，我为将要演出我的新组曲的音乐会而彩排，也为即将到来的强烈情绪做准备。一种神秘的预感告诉我，组曲[①]定将使听众喜爱并打动他们。我对此既高兴又担心，但现实远远超出

---

① 第三组曲（Op.55，G 大调）创作于 1884 年 4 至 7 月，题献给埃德曼斯多弗，共 4 个乐章：第一乐章，挽歌；第二乐章，圆舞曲；第三乐章，谐谑曲；第四乐章，主题与变奏。

了我的预期。我从来没有体验过如此成功，我看到所有听众都为之感动，向我表示谢意。[①]这一瞬间为艺术家的生活增添了无限光彩，为了这些，是值得去生活和努力的，不过之后就会有很强的疲劳感。第二天，我彻底病了。在那之后，我不得不再度接受热烈的反响，而我所体会到的痛苦却胜于意识到自己日益成功所带来的陶醉。我想逃离，对自由、寂静和孤独的渴望压倒了艺术自尊心的满足感。在圣彼得堡的最后一天，依然是既辛苦，又愉快。

① 1885 年 1 月 12 日，第三组曲首演于圣彼得堡，比洛指挥。评论界称赞第三组曲“无疑是真正大师级的天才作品”。但直到 19 世纪末，第三组曲在圣彼得堡只演过 4 次，在莫斯科只演过两次。——译注

# 我正在创作一部非常吃力的、复杂的交响乐作品

1885 年 8 月 3 日

麦达诺沃[1]

［……］我正在创作一部非常吃力的、复杂的交响乐作品（取材于拜伦的《曼弗雷德》[2]），而且因为作品强烈的悲剧性，以至于我自己都暂时成了"曼弗雷德"。此外，像往常一样，我因紧张的工作而损伤了肺部。我想尽快结束这个作品，所以用尽全力……结果导致严重疲劳。这就是我周而复始

---

① 麦达诺沃是位于克林的庄园，柴科夫斯基曾在此长住（1885 年 2 月至 1888 年 4 月、1891 年 5 月至 1892 年 4 月）。在此创作的作品有芭蕾舞剧《胡桃夹子》（Op.71）、交响曲《曼弗雷德》（Op.58）和歌剧《约兰达》（Op.69）等。（详见 http://www.tchaikov.ru/manfred.html）

② 《曼弗雷德》（Op.58，B 小调）创作于 1885 年 4 至 9 月，题献给巴拉基列夫，共 4 个乐章。

的、永恒的“恶性循环”（cercle vicieux）。没有工作时，我会感到苦闷，郁郁寡欢；有工作时，我就会拼尽全力……

## 一想到它难度极高，我就非常担心

1886 年 1 月 13 日

麦达诺沃

［……］我的工作进展太快了，［……］必须让自己充分休息，还需要在维希[①]接受治疗。俄罗斯音乐协会的下一场音乐会将演奏我的《曼弗雷德》。[②]一想到它难度极高，我就非常担心。

---

① 法国中部城市，位于巴黎东南部，柴科夫斯基于 1876 年 7 至 11 月、1892 年 6 至 7 月在此疗养。他在 1876 年 7 月 15 日通信中表示，虽然厌恶各路名流聚集一处的消遣和喧嚣，但当地矿泉的确对自己有益。——译注

②《曼弗雷德》于 1886 年 3 月 11 日在莫斯科首演，埃德曼斯多弗指挥。之后半年里，此作品相继演于巴普洛夫斯克、莫斯科、纽约等多座城市。

# 听众不太理解这部作品

1886年3月13日

麦达诺沃

挚爱的、亲爱的朋友！

已经很久没给您写信了，因为我在莫斯科停留了十天，而且生病了。我在不得不于音乐学院会见和接待大公期间得了重感冒，整个星期都关在房间里，饱受感冒发烧和神经衰弱的折磨。而最近两天我都在排练《曼弗雷德》，还出席了一场演奏《曼弗雷德》的音乐会。我对自己很满意，我认为这是我最好的交响乐作品。[①] 演出很精彩，但看起来听

---

① 同时代评论家对这部作品各执其词，反响差异巨大。居伊盛赞这部作品，表示“我们只能感谢他对我们国家交响乐宝库的新贡献”。拉罗什认为，在《曼弗雷德》中有“对李斯特的直接模仿”。柴科夫斯基对此作品的态度也发生了转折。在1886年3月13日寄给巴拉基列夫的信中，他写道：“在我最亲近的友人中，有人骄傲地支持《曼弗雷德》，而有些人则表示（转下页）

众不太理解这部作品，而且态度相当冷淡。尽管最后人们向我鼓掌喝彩，但那更多是出于对以往作品的尊敬。显然，《曼弗雷德》并不是特别讨喜。

---

（接上页）不满，还说在这部作品中我不是我自己，而是戴上了某个面具。而我认为，这是我最好的交响乐作品，不过就难度和复杂程度而言，它注定是要失败并遭到忽视的”。在半年后寄给诗人康斯坦丁·罗曼诺夫的信中，他写道：“至于《曼弗雷德》，我要不带任何谦虚成分地说，这是一部令人厌烦的作品，我深深地厌恶它，只有第一乐章除外。”（详见 http://www.tchailov.ru/manfred.html）

## 我向往着一部新的交响曲

1888 年 4 月 13 日

梯弗里斯

［……］过去的一年里，我毫无进展，徒在欧洲和俄国四处游荡！如今我无所事事，甚至都没试过着手创作，因为至今都没恢复状态。我认为，只有在家里，在弗罗洛夫斯科耶才能恢复创作兴致。我向往着一部新的交响曲，还有一首弦乐六重奏、一系列小型钢琴曲……很多人建议我把音乐会之旅详细地记录下来，在某个刊物上发表，① 但我羞

① 即受梅克夫人鼓励而写下的《1888 年国外旅行自述》，其中记录了柴科夫斯基与各国音乐界同人的交往（例如，勃拉姆斯、格里格等），以及他对国外演出活动、创作活动的观察和评述。

于宣扬自己的成功。我亲爱的朋友，告诉我您的想法吧。[1]

[1] 梅克夫人在 1888 年 4 月 21 日的回信中鼓励他："我亲爱的朋友，对于音乐史和一般的文学界来说，这当然会是一部非常有趣和珍贵的作品。所以如果您能着手开展这项写作，我将非常高兴。我对您后来再无文学写作已遗憾良久。您文笔很好，我记得您曾在一篇文章中回应了一位年轻女士或夫人对您音乐的看法，多精彩啊！写吧，我亲爱的朋友，请写出来吧。"——译注

## 现在灵感似乎已经到来

1888年6月10日

弗罗洛夫斯科耶

[……] 现在要努力工作了，不仅要向别人，也要向自己证明，我还没有筋疲力尽。我经常怀疑自己，问自己：是不是该停下来了，是不是总太过任由想象力驰骋，是不是灵感之源就要枯竭？如果我将再活十来年，那么这一天总会到来，而我又何必要提前知道，是否是时候放下武器了呢？我不记得是否曾向您写信提到过，我决定写一部交响曲。起初我写得相当缓慢，现在灵感似乎已经到来。拭目以待吧。①

① 1887年，柴科夫斯基在经历两位至亲去世后写下遗嘱。他在1888年5至8月创作的第五交响曲（Op.64，E小调）中表达了关于生命、命运的深刻思索，作品题献给德国指挥家约翰·阿韦-拉勒芒，与第四、第六交响曲一同被称作“悲怆三部曲”。（详见 http://www.tchaikov.ru/symphony5.html）

近日我一直在康复中，希望最后会完全恢复健康。但总的来说，我的健康状况在夏季总是比在冬季差。

# 现在还很难说这部交响曲的结果会怎样

1888年6月22日

弗罗洛夫斯科耶

[……]我在这的生活是一成不变的，以至于刚刚当我写下日期时，感到极为惊讶。现在已经是6月底了！这个月过得真快啊！[……]我一直在全力工作，已经完成了一部交响曲和悲剧序曲《哈姆雷特》[①]的草稿，后一部作品是早就想写的。下个星期，我将开始给这两部作品配器。[……]和我以前的作品相比，特别是和我们的交响曲相比，现在还很难说这部交响曲的结果会怎样。仿佛我已经没有了以前的轻松和一贯准备好的材料，而我记

① 悲剧序曲《哈姆雷特》（Op.67，F小调）与第五交响曲几乎同步创作，创作于1888年6至10月，题献给格里格。

得，以前结束一天的工作时，疲劳感并没有这么强。现在我晚上感到很累，甚至无法阅读。[……]

# 我感到心满意足

1888 年 8 月 14 日

弗罗洛夫斯科耶

我挚爱的、亲爱的朋友！

衷心感谢您的来信。我不得不再次抱怨身体欠佳。[……] 不过这些都是小病，不用在乎身上的小病。完满地完成了交响曲，我感到心满意足。关于这个冬季，我还没有明确计划。正如向您提到的，我有去斯堪的纳维亚甚至美国巡演的想法，但去斯堪的纳维亚的时间还没确定。至于去美国的想法，我认为是不会实现的幻想，不会认真对待的。[1] 此外我已经答应在国外几个地方指挥，如德累斯

① 柴科夫斯基在美国的巡演成行于 1891 年。他在巡演中亲自指挥了自己的作品，在所到之地（纽约、巴尔的摩、费城）均引起轰动。柴科夫斯基在日记中详细记录了这次经历。（详见 http://www.tchaikov.ru/symphony5.html）

顿、柏林、布拉格，但目前还没有确定的消息。[……] 11 月 5 日，我将在圣彼得堡指挥一系列自己的作品，包括将在爱乐协会的音乐会上演出的新写的交响曲。[①]

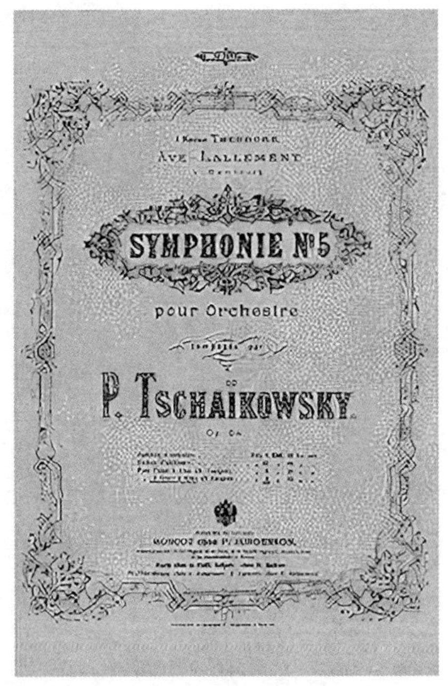


第五交响曲（Op.64）
总谱封面

① 第五交响曲于 1888 年 11 月 5 日首演于圣彼得堡，是柴科夫斯基所有作品里第一部由他亲自指挥的交响曲。——译注

## 这结果令我很欣慰

1888年9月14日

弗罗洛夫斯科耶

[……]我正在急如星火地校订第五交响曲。我非常疲惫，像苦力一样埋头苦干，因为我觉得必须抓紧时间，时光飞逝！……不过，感谢老天！工作对我来说有莫大的、无可比拟的益处，因为没有它，我会被自己的悲伤和忧郁压迫到极点，也会对事物感到难过与悲伤。[……]

我亲爱的朋友，我在莫斯科的所有音乐界友人都对我的交响曲新作感到高兴，特别是塔涅耶夫，我非常重视他的意见。这结果令我很欣慰，因为我曾经设想这部交响曲将是失败之作。

这封信将在您的命名日到来前送到普列谢耶沃[①]。我亲爱的朋友，向您致以最诚挚的祝福。

① 14 世纪起便闻名的村庄。1882 年被梅克夫人收购，同年 20 岁的德彪西移居梅克夫人在此地的庄园，继续担任梅克夫人的家庭音乐教师。——译注

## 莫非我已是所谓的才华耗尽

1888 年 12 月 2 日

弗罗洛夫斯科耶

［……］我此刻的内心，因为一个原因而非常阴郁。我两次在圣彼得堡、一次在布拉格指挥演出了新作的交响曲后，[①] 便深信这部交响曲是不成功的。其中有某种令人排斥之处，过分华而不实和做作。听众本能地意识到这一点。我非常清楚，我所得到的掌声与自己以前的创作有关，这部交响曲不可能吸引人或者令人喜爱。意识到这一切，我产生了强烈而痛苦的自我不满。莫非我已是所谓的才华耗尽，现在只能重复和模仿自己过去的手法？昨晚我重翻了我们的第四交响曲！何等差别，它比第五交响曲要高出、超出多少！

---

① 在圣彼得堡的演出时间是 11 月 5 日（首演）和 11 月 12 日，在布拉格的演出时间是 11 月 18 日。

## 一部失败之作

**1888 年 12 月 26 日**

**弗罗洛夫斯科耶**

莫斯科的两场音乐会（一场是常规的交响音乐会，另一场是演出相同曲目的普及音乐会）进行得都很顺利，却给我留下了伤心的回忆。我愈发相信，自己最近写的这部交响曲是一部失败之作。而认识到这场意料之外的失败（也许是我能力下降了）使我非常难过。它显得过分花哨、滞重、虚假、冗长，总之很不得人心。除了塔涅耶夫坚持说第五交响曲是我的最佳作品外，所有诚心关怀我的人都对它评价不高。难道我已经是所谓的江郎才尽了吗？难道已经开始“进入终结”（le commencement de la fin）了吗？如果真是这样，那就太可怕了。未来会证明我的担忧是对是错。无论如何，很遗憾1888年写的交响曲差于1877年写的，而我们的交响曲又比后者强得多，这一点我确信无疑。

# 在那儿我如同一位受人爱戴的老友

1889 年 3 月 5 日

汉诺威

［……］奇怪极了，当我完全无可抱怨，而且旅行又是一系列在各个方面不容置疑的成功时，我却强烈地忧郁起来。我新创作的交响曲在汉堡获得了巨大成功，[①] 在那儿我如同一位受人爱戴的老友。但这一切只在当时令我高兴，排练或音乐会结束后，我就又陷入了沮丧和近乎绝望的思乡情绪之中。

---

① 第五交响曲延续了第四交响曲关于人生、命运的思索。1883 年在圣彼得堡首演后，期待表达全新内容的评论界并没有立即理解这部作品，某些"才华衰退""缺乏思想和乏味"的评价一度影响了作曲家对自己的看法。直到 1889 年春季，柴科夫斯基专程前往汉堡指挥演出后，才对第五交响曲逐渐改变态度。（详见 http://www.tchaikov.ru/symphony5.html）

## 整座城市的喧嚣都让我难以动笔

1888年12月26日

弗罗洛夫斯科耶

上次给您写信后，我不得不前往莫斯科。那里的数场排练、两场音乐会、管理局的会议，还有整座城市的喧嚣都让我难以动笔。在圣彼得堡也是如此，您可以从报纸上看到，我出席了称作“俄罗斯交响乐”的音乐会。此外，我还经常与剧院导演、舞蹈编导珀蒂帕[①]会面，讨论我将要创作的芭蕾舞剧（*La Belle au bois dormant*）[②]。整体来说，我的生活充满了活动和热闹。[……]

---

① 马里乌斯·伊万诺维奇·珀蒂帕（1818—1910），法国舞蹈家、芭蕾编舞家、戏剧活动家和教师，是圣彼得堡1862至1903年间首屈一指的芭蕾舞大师。

② 即《睡美人》。

# 已经写下了芭蕾舞剧的整整两幕

**1889 年 1 月 8 日**

**弗罗洛夫斯科耶**

[……] 最近我一直非常努力勤奋地工作，已经写下了芭蕾舞剧的整整两幕。[①] 因为俄罗斯音乐协会事务之需，我去了莫斯科两天，现在又回来工作了。我的芭蕾舞剧的情节是由剧院经理弗谢沃洛日斯基[②]

---

① 三幕（七场）芭蕾舞剧《睡美人》从 1888 年 12 月开始创作，1889 年 8 月完成。

② 伊万 · 亚历山德罗维奇 · 弗谢沃洛日斯基（1835—1909），俄国戏剧活动家、编剧，先后在 1881 至 1886 年的莫斯科、1886 至 1899 年的圣彼得堡担任皇家剧院经理。他非常推崇华丽的舞台表演，曾为 25 部芭蕾舞剧设计装饰和服装草图。柴科夫斯基受他委托创作了多部舞台作品，包括芭蕾舞剧《睡美人》和《胡桃夹子》，以及歌剧《黑桃皇后》和《约兰达》。在他的倡议下，《叶甫盖尼 · 奥涅金》在圣彼得堡马林斯基剧院上演，作曲家还为歌剧的第六场增加了新的片段。他还参与了柴科夫斯基的芭蕾舞剧的脚本创作，并为首演设计了服装草图。柴科夫斯基将芭蕾舞剧《睡美人》题献给他。（详见 http://www.tchaikov.ru/krasavitsa.html）

亲自提供的。它取自佩罗[①]的著名童话《森林里的睡美人》，情节极其动人并富有诗意。

芭蕾舞剧《睡美人》( Op.66 )
总谱封面

---

① 夏尔·佩罗（1628—1703），法国诗人、文学家，被誉为“法国儿童文学之父”。他收集并整理的多部童话，例如《灰姑娘》《小红帽》《穿靴子的猫》等，收录于童话集《鹅妈妈的故事》。

## 将是我的佳作之一

### 1889 年 7 月 25 日

### 弗罗洛夫斯科耶

我的芭蕾舞剧将在 11 月或 12 月付印，由济洛季[①]作钢琴改编。我亲爱的朋友，我认为舞剧《睡美人》的音乐将是我的佳作之一。这个题材富有诗意，宜于配乐，我写来十分得心应手，创作过程充满热情和兴致，而这往往是作品取得成功的保证。我已经向您提到，配器要比我过去的作品紧凑得多，工作也进展得较为缓慢。但也许这是好事，我以前的许多作品都感觉仓促有余，斟酌不足。

---

① 亚历山大·济洛季（1863—1945），俄国钢琴家、指挥家。曾随李斯特学习，1887 年起任莫斯科音乐学院钢琴教授。

## 工作即将结束

**1889 年 8 月 13 日**

**弗罗洛夫斯科耶**

工作即将结束，几天后我就可以松一口气，感受完成某项复杂任务后心头的甜美滋味。[①] 当钢琴改编完成后，我就马上寄给您，亲爱的朋友！不过很遗憾，您冬季不在圣彼得堡，也不会听到我的作品。我十分认真地作了配器，运用了一些全新的乐队配置，希望音乐能显得动人。

---

① 弗谢沃洛日斯基向柴科夫斯基邀约时谈道："我有一个想法，想根据佩罗的童话故事为《睡美人》写一个脚本。我想在场景制作上靠近路易十四的时代气息，这样适合发挥想象力，希望旋律上贴近吕利、巴赫、拉莫等作曲家的精神。最后一幕是所有佩罗童话故事角色的方阵舞曲，其中一定要有穿靴子的猫、大拇指汤姆、灰姑娘和蓝胡子等。"（详见 http://www.tchaikov.ru/krasavitsa.html）

## 演出从一天推迟到另一天

1889年12月17日

圣彼得堡

［……］近三个星期以来，我一直在圣彼得堡无所事事。之所以这样说，是因为我认为自己的真正事业是创作，而指挥音乐会、参加芭蕾舞剧排演等所有活动都是意料之外的、没有目的的活动，只会缩短生命。而要忍受我在圣彼得堡的生活方式，也是需要巨大意志力的。最可怕的是我从未独处，并发现自己总是处在异常兴奋的状态。这肯定迟早会影响健康。在这三个星期里，我必须一直参加自己的芭蕾舞剧的排演，此外还要指挥一场俄罗斯交响音乐会。而至于我的芭蕾舞剧，我为它已经在这度过多日，却因布景没准备好，演出从一天推迟到另一天。现在被安排在1月3日了。

# 我的芭蕾舞剧终于要在1月3日上演

1889年12月26日

莫斯科

[……]我谁也不见，不问世事，只是工作、工作、工作……这恰恰是我现在内心所愿。[……]后天我将前往圣彼得堡，我的芭蕾舞剧终于要在1月3日上演。[1]5日我会回到莫斯科，7日又要去圣彼得堡，而15日我就要去国外了。

---

① 1890年1月3日，芭蕾舞剧《睡美人》在圣彼得堡马林斯基剧院首演，由珀蒂帕编舞，弗谢沃洛日斯基设计服装，里卡尔多·德里戈指挥。

# 歌剧《黑桃皇后》（Op. 68）

## 我选择了普希金的诗作

1889 年 12 月 17 日

圣彼得堡

我在莫斯科事务繁多。我决定明天，也就是 18 日，去莫斯科出席芭蕾舞剧的首场演出，随后就回来……但是，之后！……我定会感到力竭，我决定拒绝所有外国和当地的邀请，去意大利休息四个月，并创作下一部歌剧。我选择了普希金的诗作作为这部歌剧的题材。因为，我弟弟莫杰斯特大约在三年前应一位似乎名叫克列诺夫斯基①的人的要求，着手以《黑桃皇后》写作脚本，他耗时三年，如今已经完成了，脚本非常成功。

---

① 尼古拉·谢苗诺维奇·克列诺夫斯基（1857—1915），俄国作曲家、指挥家。毕业于莫斯科音乐学院，曾任莫斯科皇家歌剧院助理指挥。作有多部芭蕾舞剧、戏剧音乐、合唱作品等。

# 而这部歌剧连一个音符还没写出来

1889 年 12 月 26 日

圣彼得堡

继续写这封在莫斯科写的、已经过了一个多星期的信。就这样，《黑桃皇后》的脚本是我弟弟莫杰斯特为克列诺夫斯基先生写的，但后者最终放弃了作曲，奈何他未能完成自己的任务。同时，剧院导演弗谢沃洛日斯基很想让我为同样的题材创作一部歌剧，当然也是为了下一个演出季做准备。他提出的这个愿望与我决定在 1 月逃离俄国并开始作曲的时间安排是吻合的，我便同意了。为此临时组建的委员会召开了一场全体会议，我弟弟在会上朗读了脚本，他们详细讨论了各个场景的优点和缺点，讨论了布景设计，甚至还分配了角色，等等。就这样，即便到现在，剧院管理局也还在谈论这部歌剧的上演，而这部歌剧连一个音符还没写出来。[①]我非常渴望工作，如果能在国外某个舒适的角落静心工作，我想5月之前就会将钢琴缩编谱交给管理局，夏季我就会进行配器了。

① 三幕歌剧《黑桃皇后》（Op.68）创作于1890年，同年首演于圣彼得堡。

# 我正在圣彼得堡给您写信

1890 年 7 月 30 日

圣彼得堡

我亲切的、亲爱的朋友!

我正在圣彼得堡给您写信，已经在这第五天了。我来此地的主要原因是饰演我新歌剧的主角的菲格纳无法按原谱演唱，所以我必须移调，移调则需要新的配器。而由于现在这里的剧院谱务正在处理声部分谱，我便不得不留在圣彼得堡。我今天完成了这项工作，明天我将前往弗罗洛夫斯科耶，可能只在那儿停留一天。之后我将不得不前往梁赞省，同剧院导演弗谢沃洛日斯基讨论《黑桃皇后》的一些细节。这之后我将长期离开北方。我想在 9 月初抵达梯弗里斯，途中将拜访我的兄弟尼古拉、莫杰斯特，还有伊波利特，并且造访科皮洛夫和卡

缅卡，还有一整段“奥德赛”[①]在等着我。我对这段旅程感到非常兴奋，这将是我数月工作之后的一次充分休息。[……]

祝福您，我亲切的、亲爱的、珍贵的朋友！我将在开始创作《奥德赛》时提笔写下一封信。[②]愿您幸福和安宁！

您永远忠诚的彼得·柴科夫斯基。

---

① 此处以古希腊长篇史诗《奥德赛》比喻漫长而艰辛的旅程。

② 这是柴科夫斯基寄给梅克夫人的倒数第三封信，也是二人最后一次谈及创作。梅克夫人在1890年9月13日写给柴科夫斯基的最后一封信中坦言自己正面临子女疾病、经济破产的双重夹击，并委婉表达了无法继续提供经济资助的歉意。1890年9月22日，柴科夫斯基在最后一封回信中写道：“[……]我认为自己无权涉足您的纯粹家庭事务领域。[……]我为您而感到的遗憾和痛苦是无以言表的。[……]可以毫不夸张地说，是您拯救了我，如果不是您的友谊、参与和物质资助（这曾是我的救赎之锚）支援了我完全消退的精力和沿着自己道路前行的渴望，我可能已经疯了，甚至死了！不，我亲爱的朋友，请相信，我直到生命的最后一刻都会牢记并祝福您。[……]我很高兴，正是现在，当您已经无法再与我分享您的财富时，我可以用全部力量表达我对您无限的、热切的、无以言表的感激之情。您可能自己还没意识到，您的善举无法估量！”（详见 http://www.tchaikov.ru/1890-497.html）

# 谈音乐家

# 莫扎特（1756—1791）

## 这是伟大艺术家理想的化身

1878年3月16日

克拉朗

为什么不喜爱莫扎特？亲爱的朋友，在这一点上我们意见不同。我不仅喜爱莫扎特，还崇拜他。对我来说，有史以来最好的歌剧就是莫扎特的《唐璜》。您对音乐有如此精准的判断，应该爱上这位完美而纯粹的艺术家。的确，莫扎特过分慷慨地消耗了他的力量，他的创作经常不是发自灵感，而是为了某些需求。[……]即便是贝多芬和巴赫[①]也写过不少较差的作品，但这些和他们的杰作不能相提并论。环境的力量使他们有时不得不把自己的艺术

① 约翰·塞巴斯蒂安·巴赫（1685—1750），德国作曲家、管风琴家，巴洛克音乐代表人物，其最高成就是复调音乐创作。代表作品有《勃兰登堡协奏曲》（6首）、《平均律钢琴曲集》，以及清唱剧、康塔塔、受难乐、室内乐和键盘作品等。

创作变成一种手艺。而以莫扎特的歌剧，以他的三部交响曲[①]、《安魂曲》、六首题献给海顿的四重奏、C小调弦乐四重奏[②]等作品为例，您难道在这些作品中没发现任何动人之处吗？当然，莫扎特不像贝多芬那样深刻，他的气魄也不是那般宽广。就像直到生命最后一天都无忧无虑的孩子，他的音乐中没有主观的悲剧性，而这在贝多芬的音乐中是表现得那么强劲。[……]

请读一读奥托·雅恩的那部篇幅宏大但内容有趣的莫扎特传记[③]。您会从中看到奇特、完美、善良、白璧无瑕的人格。这是伟大艺术家理想的化身，他听从自发的、天才的、无意识的召唤而创作。他像夜莺歌唱一样写下音乐，就是说，他不会犹豫，不用对自己施加压力。他是多么轻松地创作

---

① 指莫扎特的第三十九交响曲（K543，降E大调）、第四十交响曲（K550，G小调）和第四十一交响曲（K551，C大调）。——译注

② 指弦乐四重奏《柔板与赋格》（K546，C小调）。——译注

③ 指德国考古学家、文献学家、音乐著述家奥托·雅恩（1813—1869）的著作《莫扎特生平》。此著颇有影响，出版后修订过5次。柴科夫斯基在1878年通信中提到的可能是首版（四卷，1856至1859年）或第二版（两卷，1867年）。——译注

啊！他从不打草稿，他是如此杰出的天才，所有作品都是直接写成总谱的。他已在脑海中处理了全部细节，经常是一开始就将小号或别的乐器的声部写出来，接着再写其他胸有成竹的声部，之后又回头写之前的声部。对他来说，创作不存在任何困难。[……]他的内心是绝对纯净的。他既不知道妒忌，也不知道仇视，更不知道恶意。我认为，这一切都可以从他的音乐中听出来，他音乐的本质就是和谐、启智和愉悦。

# 两位气质不同的艺术家之间是可以相互欣赏的

**1878年4月1日**

**克拉朗**

［……］关于莫扎特，我想向您谈谈下述看法。您说我对莫扎特的崇拜是和我的音乐气质相矛盾的，但也许正因为，作为这个世纪的人，我感到消沉和精神痛苦，才乐于在莫扎特的音乐中寻求慰藉。他的音乐大多表达了生之欢乐，表现了健康的、完整的、不被自身对外界的反应所侵蚀的天性。总之，我认为在艺术家的心灵中，自身创作能力与对某一位大师的青睐毫无关系。比如，一位艺术家可以喜爱贝多芬，但在气质上却更近似门德尔松。

作为作曲家的柏辽兹是音乐中最浪漫主义的

极端表现，而作为评论家的柏辽兹却崇拜格鲁克[①]并将之推崇到远高于其他所有歌剧作曲家之上的位置，还有比这更矛盾的吗？也许，这正揭示了极端相反的两面之间的彼此吸引，其结果是，打个比方，身材高大、孔武有力的男子往往会爱上瘦小孱弱的女子，反之亦然。您知道吗，肖邦[②]不喜欢贝多芬，但在听到贝多芬音乐时却无法产生一丝反感，这是一位认识肖邦的先生告诉我的。

总之，我要说的是，两位气质不同的艺术家之间是可以相互欣赏的。

---

① 克里斯托弗·维利巴尔德·格鲁克（1714—1787），德国作曲家，古典主义音乐代表人物。主要创作歌剧，推崇“美丽的质朴”，代表作品有歌剧《狄托的仁慈》《奥菲欧与尤丽迪茜》《伊菲姬尼在奥利德》《阿尔采斯特》等。

② 弗雷德里克·肖邦（1810—1849），波兰作曲家、钢琴家，浪漫主义音乐代表人物。主要创作钢琴音乐，作有4首《叙事曲》、4首《谐谑曲》、《即兴幻想曲》，以及多首圆舞曲、夜曲、前奏曲、马祖卡、练习曲等。

# 贝多芬（1770—1827）

## 贝多芬和米开朗琪罗这两人的气质不正是很相近的吗

1880年1月16日

罗马

米开朗琪罗的《摩西像》[①]是一件多么辉煌的作品啊！我曾经几次久久注视着它，每次都满怀虔敬。这的确是一流天才构思和制作的作品。但据说其中有不合常规之处！这令我想起费蒂斯[②]老先生也曾经挑出贝多芬的不合常规之处，并兴奋地宣称，他在交响曲《英雄》中发现了一些被“良好趣

---

① 米开朗琪罗于1513至1516年间为罗马教皇尤利乌斯二世的陵墓制作的塑像作品，刻画了《圣经》中的先知形象。——译注

② 弗朗索瓦·约瑟夫·费蒂斯（1784—1871），比利时评论家、历史学家、作曲家和管风琴家。创办并主编《音乐评论》杂志，以编著《世界音乐家传记》而闻名。著有多卷理论著述，以及帕格尼尼、斯特拉迪瓦里的传记，作有歌剧、交响曲、室内乐作品等。

味”（lebon gout）禁止的和弦进行。

贝多芬和米开朗琪罗这两人的气质不正是很相近的吗？

## 柏辽兹（1803—1869）

# 他有时达到了不可企及的高度

1879 年 2 月 12 日

巴黎

我好久没有像昨天那样在夏特莱[①]享受音乐了。这部《浮士德》中蕴含着无与伦比、妙不可言的东西！我的朋友，您知道吗？一般说来，我不是柏辽兹的绝对拥护者。他的音乐机体中有某种不完整之处，他不善于敏锐地选择和声与处理转调，总之他身上有某种我无法苟同的迎合成分。但这并未妨碍他拥有最杰出、最细腻的艺术家的心灵，他有时达到了不可企及的高度。《浮士德》中有若干处，特别是描写易北河畔的奇妙场景，是他创作中的精品。[……]聆听这段音乐，会感觉到作曲家的灵感是何等充满诗意，他是如何被自己的创作深深打

① 指科洛纳于 1874 年在巴黎的夏特莱剧院举办的音乐会。

动。还有许多精彩细节。我不太喜欢著名的《鬼火小步舞曲》。歌剧结尾略显枯燥，而庄严的收场也无任何特殊之处。[……]将近四个小时聆听奇妙的音乐，颇费心神，令我十分疲惫。

# 我并非要说这是我最喜欢的作品

1879 年 2 月 20 日

巴黎

帕德卢[①]指挥的音乐会令我满意。我怀着强烈的兴趣聆听了柏辽兹的交响曲[②]。我并非要说这是我最喜欢的作品，其中有许多非艺术性的、纯外在性的效果，例如一味用定音鼓描绘雷声，不过圆舞曲和进行曲[③]是美妙的。至于那贯穿整部交响曲的、描绘心爱女士的主题，我的朋友，您也会认为那是薄弱的！……

---

① 朱尔-艾蒂安·帕德卢（1819—1887），法国指挥家。曾在巴黎音乐学院任教。他在自己创建的通俗音乐会上指挥演出了许多同时期法国作曲家作品。

② 指柏辽兹的《幻想交响曲》。——译注

③ 指《幻想交响曲》第二乐章中的圆舞曲、第四乐章中的进行曲。

# 格林卡（1804—1857）

## 他并没有完成他所肩负的使命

1878年6月24日

卡缅卡

［……］这位拥有巨大和独特创造力的人物，虽然未享高龄，也活到了非常成熟的年纪，却写得很少。读一读他的回忆录吧。您会看到他像一位业余爱好者那样创作，也就是说，只是在情绪适当时偶一为之。尽管我们为格林卡感到自豪，但考虑到他的卓越才华，我们不得不承认，他并没有完成他所肩负的使命。他的两部歌剧虽然具有非凡的、独特的美，却显得分外粗糙。因此，除了精妙和不朽之美以外，还会发现其中有一些幼稚的、薄弱的分曲。可是，如果这位人物出身于另一阶层，生活在另一种条件下，如果他像一位艺术家那样工作，意识到自己能够并应该尽可

能完美地施展自身的才华，而不是像一位业余爱好者那样随便地写写音乐，那将会出现怎样的景象啊！

# 格林卡是一个多么特殊的现象

1880年7月5日

布拉伊洛夫

昨晚天气很差，雨整天下个不停，令人不禁好奇，从哪来的这么多雨水？可我却丝毫不感到无聊：我阅读、弹奏并浏览了您的整个音乐图书馆。我从中发现了一本装订成册的格林卡的舞曲，里面的波尔卡舞曲、圆舞曲和波罗乃兹舞曲几乎都是我不知道的，我很感兴趣。格林卡是一个多么特殊的现象！他的回忆录展现了一个善良和蔼又令人感到乏味甚至俗气的人。弹奏他的一些小曲时，简直不能相信它们与《光荣颂》[1]出自同一人之手，而卓绝之作《光荣颂》却是可以和一些伟大天才的

① 格林卡的歌剧《伊万·苏萨宁》中的终场合唱。——译注

杰作并驾齐驱的！在他的歌剧和序曲里还有那样卓越的美！他的《卡玛林斯卡亚》是一首多么惊人的独创作品，所有后来的俄罗斯作曲家（当然我也在其中）凡需要处理舞曲性格的俄罗斯主题时，仍十分明显地从中汲取对位与和声的组合形式。[①]这么做当然并非是故意的，而是因为格林卡成功地在一部小型作品里集中了数十位二流天才苦思冥想才能获得的成果。

但同一个人，在已经充分成熟的时期却突然写了像《加冕礼波罗乃兹舞曲》（他去世前一年写的）或《儿童波尔卡舞曲》这样一类平庸、糟糕之作。格林卡在他的回忆录里得意而严肃地谈到《儿童波

① 柴科夫斯基在1888年6月27日的笔记中再次肯定了格林卡的《卡玛林斯卡亚》的意义："《卡玛林斯卡亚》展现了同样（不亚于《伊万·苏萨宁》的）的非凡天才。这位先生丝毫未打算写什么超越消遣小品的东西，他给我们留下了一件小型作品，其中每一小节都显示出强大的（出人意料的）功力。从那时起过了近五十年，涌现出许多俄罗斯交响乐作品，可以说是形成了一个真正的俄罗斯交响乐派。而那又怎样呢？就像整株橡树生发自一粒橡果一样，整个俄罗斯交响乐派都生发于《卡玛林斯卡亚》。俄罗斯作曲家将长期从这一丰富源泉中汲取营养，因为取尽其宝藏是需要花费大量时间和气力的。是啊！格林卡是真正的创作天才。"——译注

尔卡舞曲》[1]，仿佛这是他的什么“代表作”（chef d’oeuvre）。莫扎特在寄给父亲的信中，以及在他毕生中也曾显得天真幼稚，但那完全是另一回事。莫扎特是一位像孩子般纯洁的天才人物，他如鸽子般温顺，如少女般谦逊，仿佛不属于这个世界。在他身上从来见不到自满和自夸，他仿佛没有充分意识到自身天才的伟大之处。格林卡则相反，他对自己满是欣赏，对自己生活中的每一个微不足道的细节和每一首小型作品都要详加讲述，他认为这些都是历史。格林卡是他那个时代的天才俄国公子，他自尊心极强，受教育程度不足，虚荣，自负心重，性格偏执，只要涉及对他的作品的评价，就显得气量狭窄。所有这些特点通常出现在平庸人士身上，怎能出现在一个显然是平静而谦逊地意识到自身

① 格林卡在回忆录中所提实为 1852 年创作的钢琴四手联弹《初级波尔卡舞曲》。柴科夫斯基在此信中提到的 B 大调钢琴曲《儿童波尔卡舞曲》是格林卡于 1854 年为外甥女创作的。——译注

力量的人身上？我完全想不明白！[①]

① 柴科夫斯基在此信中对格林卡的为人及其某些作品的尖锐批评并未妨碍他钦佩格林卡的天才，他不仅在此信中，而且在其他许多场合，每当论及格林卡的交响乐作品和歌剧时，都对之钦佩有加。例如，他在 1875 年 11 月 30 日《俄罗斯公报》上对《阿拉贡霍塔舞曲》的演出的评价："越听这首作品就越喜爱它，而且就越是感慨格林卡给我们留下的管弦乐作品是如此之少。这位卓越的作曲天才如果生在另一个时代，在另一片土壤上，处于更适宜的环境，[……] 或许会以数十部大型交响乐作品充实欧洲艺术界。"——译注

# 他们不像德国人那样遵守既定的传统

1878年3月3日

克拉朗

[……]您知道法国作曲家拉罗[①]的《西班牙交响曲》吗？这部作品是由正当红的小提琴家萨拉萨蒂[②]委托创作的。这部为小提琴独奏与乐队而写的作品由五个连续的独立乐章组成，基于西班牙民间主题。我十分喜欢这首作品。有清新而明快的气息、动人的节奏，以及许多优美且和声处理出色的旋律。它和我所熟悉的新法国学派的其他作品有许

① 爱德华-维克托-安托万·拉罗（1823—1892），西班牙裔法国作曲家。作有多部歌剧、管弦乐和室内乐作品等。

② 巴勃罗·德·萨拉萨蒂（1844—1908），西班牙小提琴家、作曲家。作有数首小提琴作品，如《流浪者之歌》《卡门幻想曲》等。拉罗、布鲁赫、圣-桑等作曲家均曾为他创作。此信中提到的拉罗的《西班牙交响曲》由萨拉萨蒂首演于1875年。

多相似之处。拉罗是属于新法国学派的，他和莱奥·德利布[①]、比才[②]一样，不追求深度，但注意避免陈规旧路，他们探索新形式并更加关心音乐的美，他们不像德国人那样遵守既定的传统。近十年来新出现的一些法国作曲家将大有作为。认识一下这些作品吧，我亲爱的朋友，它们会让您满意的。拉罗的《西班牙交响曲》，我今天十分愉快地一连弹了它两遍。

---

① 克莱芒·菲利贝·莱奥·德利布（1836—1891），法国作曲家、管风琴演奏家。代表作品有轻歌剧《两个木炭币》、芭蕾舞剧《葛蓓莉娅》等。在他为戏剧《逍遥王》创作的配乐和15首歌曲中，以《加的斯姑娘》最为著名。

② 乔治·比才（1838—1875），法国作曲家，浪漫主义音乐代表人物。代表作品有歌剧《采珠人》和《卡门》、戏剧配乐《阿莱城姑娘》等。

# 我理解不了他的魅力

1877 年 11 月 25 日

维也纳

昨晚我和科捷克研究了勃拉姆斯新创作的交响曲[①]，这位作曲家在德国被捧上了天。我理解不了他的魅力。在我看来，他的音乐阴郁、冷漠，很想追求深度，但却缺乏真正的深度。总体来看，我认为德国音乐正在下滑，而法国人现在正登上舞台。

---

① 约翰内斯·勃拉姆斯（1833—1897），德国作曲家、钢琴家，浪漫主义音乐代表人物。其创作以忠于古典传统为特色，代表作品有 4 部交响曲、2 首钢琴协奏曲、小提琴协奏曲（D 大调）、管弦乐《匈牙利舞曲》，以及多首室内乐、钢琴、声乐作品等。此信所提作品是勃拉姆斯的第一交响曲（Op.68，C 小调），首演于 1876 年。

# 他的音乐没有经过真挚情感的加温

1880 年 2 月 18 日

罗马

我对勃拉姆斯的协奏曲[①]就像对他写的其他作品一样，不怎么喜欢。他无疑是一位大音乐家，甚至是一位大师。但他依赖技巧多过灵感，音乐经过诸多铺垫，诸多暗示，在本该有所昭显并引人入胜时，却只留下枯燥。他的音乐没有经过真挚情感的加温，没有诗意，却极力追求深刻，而在其深刻之内，空无一物。打个比方，以协奏曲的开头为例，这是一段很美的引子，但这个出色的基座上却没立起柱子，一个基座之后又紧接着另一个。不知我是

① 即勃拉姆斯的小提琴协奏曲（Op.77，D 大调）。梅克夫人曾在莱比锡听过此作品的首演，随后她将作品乐谱寄给柴科夫斯基，询问他的看法。——译注

否清楚地表达了自己想法，或者更准确地说，是勃拉姆斯的音乐带给我的感觉。我想说，他从来就没表达过什么，即便有所表达，也是不够充分的。被巧妙地接合的碎片构成了他的音乐，就像一幅模棱两可的、失去色彩和生命的画面。

在我看来，抛开全部具体的批评不谈，必须要承认，我只是反感勃拉姆斯的音乐个性，我无法忍受他的音乐。无论他怎么努力，我对他的音乐都是态度冷漠和对立的。这纯粹是一种本能的感觉。

# 圣-桑（1835—1921）

## 它比我的幻想曲更薄弱

1879 年 1 月 25 日

克拉朗

［……］我亲眼目睹了一部非常糟糕的圣-桑的幻想曲《海格力斯的青春》[①]是如何引起轰动的，同样由比尔泽指挥演出。这是一部异常乏味的作品，我可以毫不犹豫地认为，它比我的幻想曲更薄弱，更无趣。

① 指圣-桑创作于 1877 年的交响诗。

# 他在戏剧音乐领域几乎不会大有作为

1883年2月24日

巴黎

我还没听过前几天在巴黎大剧院上演的圣-桑的新歌剧。从报上来看，这部歌剧似乎取得了真正的成功。我没想到会这样，因为我很熟悉他的其他歌剧——《参孙与达丽拉》《艾蒂安·马塞尔》和《黄衣公主》，这三部歌剧都让我确信，他在戏剧音乐领域几乎不会大有作为。

## 拉罗什（1845—1904）

# 这位天赋甚佳者因为意志不坚

1888 年 9 月 14 日

弗罗洛夫斯科耶

［……］遵照我以前的许诺，正着手为我的老友拉罗什的序曲[①]进行配器，他自己则由于改变习惯，也由于过分懈怠，没有为序曲配器。这首异常出色的作品说明了音乐界已遭到何等损失。这位天赋甚佳者因为意志不坚，完全停止了他的创作活动。这首序曲令我花费了许多心力。［……］

① 即拉罗什的《序曲幻想曲》。柴科夫斯基的配器版本于 1888 年 11 月 17 日在圣彼得堡首演，柴科夫斯基亲自指挥。——译注

# 塔涅耶夫（1856—1915）

## 他对自己缺乏信心

1878 年 11 月 22 日

佛罗伦萨

［……］老实说，我教过一些更有天赋的学生。他们在创新、对和声的美感，以及对曲式的本能理解方面，有更过人的表现。这些有前途的年轻人就是达维多夫（劳布的学生）和塔涅耶夫。我对他们曾经寄予厚望，但说实话，我的厚望至今仍然未能实现。达维多夫已经在耶拿大学学医四年，放弃了音乐。塔涅耶夫虽然资质很好，但不幸的是，他对自己缺乏信心。这种缺乏自信表现在他的每一个构思都是在重复以往写过的东西，这就使他变得麻木了。但他们两人失败的主要原因在于其天才得不到内心热情的激发，他们没有用音乐表达自身内在的要求。这些天才可以说只

是表面上的，也就是说，他们可以奉命写出所有该写的东西，而且写得不算差，但他们自身缺乏创作主动性。[ …… ]

# 唯一胜任院长一职的人

1885年6月2日

麦达诺沃

亲爱的朋友！

您的来信触痛了我，我不得不立即给您回复。就在我给您写信，欣然告知任命塔涅耶夫为院长的消息并自豪地将这一功劳完全归功于您时，您却来信表示塔涅耶夫不宜担任此职。我要向您说明，为什么我认为塔涅耶夫是现有全部候选人当中唯一胜任院长一职的人。[……]

首先，塔涅耶夫是一位（尤其在莫斯科）音乐界的杰出人士，他既是作曲家，又是演奏家和卓越的指挥家，还是古典音乐思想观点的热心传播者。其次，他品格高尚，为人诚实，得到了各方尊重。最后，他性格坚强，能够恪尽职守。当然，您说的也有道理，比如，他不具备相应的地位。不过，我们还不了解他作为机构负责人会有怎样的表现，况且凭他的显著长处已足够让人迁就他的缺点了，尤其是年轻。

为了有助于塔涅耶夫建立威信，我决定再度担任教职，（无偿地）教授自由作曲课程。[①]

① 不久后，因得知俄罗斯音乐协会章程中有不允许协会理事会成员兼任音乐院教学工作的规定，柴科夫斯基便应塔涅耶夫的建议，没有担任自由作曲课程教学工作。塔涅耶夫在 1885 年 6 月 18 日寄给柴科夫斯基的信中写道："您进入音乐协会理事会一事，毕竟要比您担任教授的喜讯显得更为重要。"——译注

# 帕胡尔斯基（1859—1921）

## 应该鼓励和帮助他学习

1878 年 11 月 23 日

佛罗伦萨

我亲爱的朋友，现在要谈谈我对帕胡尔斯基[①]的一些看法。他在克服作曲技巧困难方面有三个有利点：第一，他显然具备音乐才能；第二，他热爱音乐，有创作欲望；第三，他虚心并为人谦逊。他没有打算一开始就以独创性取胜，而且已经掌握了一条永恒的真理：音乐的美不在于效果的堆砌与和声的奇特，而是在于质朴和自然。这一切都很好。但是，如果您问我，他在创作上有没有特色鲜明的天资，这个问题我现在还回答不了。个人特色很少

① 亨里克·帕胡尔斯基（1859—1921），波兰钢琴家、小提琴家。1880 至 1885 年在莫斯科音乐学院学习时，师从尼古拉·鲁宾斯坦和安东·阿连斯基。曾得到梅克夫人的鼓励和支持并任其家庭音乐教师。1886 年任莫斯科音乐学院钢琴教授。

表现在年轻人身上，何况帕胡尔斯基还没有完全掌握技巧。我不愿在您面前说违心的话。[……]帕胡尔斯基有自己的创作主动性，这就是很好的条件。而谦虚、缺乏自信、技术上的不足，这些都很可能妨碍他更鲜明地展现自己的才能。不管怎么说，我从他送来的一些作品中看到了毋庸置疑的音乐才能，虽然还算不上惊人。从他的言谈中，我看出他具有克服重重困难的耐心和勇气，而这些困难是所有从事严肃创作的人都会碰到的。

我的最终结论是：应该鼓励和帮助他学习。我在这儿的三个星期里打算初步了解一下他的音乐个性。离别时我会告诉他应该怎么做，以便尽快实现目标。同时，我要指出最重要的一点：他需要掌握钢琴技术。作曲家必须同时是可以轻松地分辨和弹奏任何作品的钢琴家，但不必是音乐会演奏大师。让他尽可能地多弹奏作品，多掌握技术吧。

# 以上是我对这几位先生的坦率看法

1877 年 12 月 24 日

圣雷莫

所有圣彼得堡近来涌现的作曲家都很有才华，但他们全都彻头彻尾地患有非常可怕的自负症，十分贸然地认为自己比整个音乐界都高出一筹。最近以来，里姆斯基-科萨科夫①成了他们②当中的例外。里姆斯基-科萨科夫和其他四位一样，自学成才，

---

① 尼古拉·安德烈耶维奇·里姆斯基-科萨科夫（1844—1908），俄国作曲家、指挥家。原为海军军官，受格林卡、巴拉基列夫影响，从事音乐创作。任圣彼得堡音乐学院作曲和配器教授，斯拉特文斯基是其学生之一。代表作品有《五月之夜》《雪姑娘》《萨特阔》等多部歌剧，《俄罗斯主题幻想曲》《舍赫拉查德》等多部管弦乐作品，并作有室内乐、声乐和钢琴作品等。

② 指“强力集团”（也称“五人团”）。这是由 5 位俄国作曲家组成的创作小组，成员有巴拉基列夫、鲍罗丁、居伊、穆索尔斯基、里姆斯基-科萨科夫。小组名称来自评论家斯塔索夫发表于 1867 年的文章。

但他现在却发生了彻底变化。他天生认真、正直、诚挚。他年轻时偶然参加了这个小组，这小组最初断言他是个天才，接着又开导他，说他不需要学习，说音乐学院会破坏灵感，使人失去创造力，等等。他最初相信了这些话，他的早期作品显示出他很有才能，但完全缺少理论修养。他所在的圈子是一个相互赞美圈内人的地方，每个人都宣称另一个人的作品非常美妙，并试图去模仿。结果是整个圈子都陷于手法单调、缺乏个性和矫揉造作。他们中间唯有里姆斯基-科萨科夫在五年前就看出这一小组所倡导的思想是毫无根据的，他们对学校和古典音乐的轻视、对权威和典范的厌恶，不过是一种无知而已。我有他在这时期写的一封信，这封信使我感触颇深。他十分失望地看到多年来徒劳无功，他走的是一条没有出路的小径。于是他问道，该怎么办。当然，我认为他需要学习。这样，他就开始学习了，而且是如此勤奋，以至于学校的技术训练成了他的必需品。他在一个夏季做了无数对位习题，写了六十四首赋格，并且立即送来其中的十首给我看。赋格写得相当完美，但我同时也看出，出现了反作用，他身上发生了十分严重的变化，从轻视学校陡然地转变为崇拜技术。不久之后，他的交响曲和四重奏[①]问世了。两首作品都充满巧思，却带有迂腐习气。显然，他现在正经历危机，而危机将如何结束，还难以预料。他或者会成为一位巨匠，或者会完全陷入对位的把戏。

居伊[②]是一位有才华的业余音乐爱好者。他的音乐缺乏独创性，却优美动人。但他的音乐过分卖弄，就是所谓的“做作”，因此讨人喜欢于一时，很快就令人腻烦了。这是因为居伊的专业并非音乐，而是军事工程，他是一位非常忙碌的教授，在圣彼得堡几乎所有军事学校都安排了大量授课。居伊本人曾经对我说过，他只有在钢琴上摸索到一些配有和弦的旋律时才能作曲。当他抓住一些不错的

---

① 指里姆斯基-科萨科夫的第三交响曲和 F 大调弦乐四重奏。——译注

② 西泽（采扎尔·安东诺维奇）· 居伊（1835—1918），俄国作曲家。本职是军事工程师，随莫纽什科学习音乐。受巴拉基列夫影响，加入“强力集团”。作有 15 部歌剧及若干首管弦乐、室内乐、声乐作品。其音乐评论活动更为著名。

乐思时，就开始精雕细琢，而这个过程是非常漫长的，所以他的歌剧《威廉·拉特克利夫》花了十年方告完成！不过，正如我说过的，我们不能否认他确实有才能，至少他具备了品位和鉴别力。

鲍罗丁[①]，现年五十岁的医学院化学教授，也是一位有才能的人，他甚至十分杰出，然而殊少成就。因为他对自身缺乏了解，盲目的命运将他引入化学教研室而不是音乐活动。他的品位不如居伊，而技巧又是如此薄弱，如果没有他人协助，他是一行乐谱也写不成的。至于穆索尔斯基[②]，正如您十分恰当地指出的，他是无药可救了。他的才能可能要高于上述几位，但天生性格狭隘，缺乏自我完善的要求，并盲目相信自己圈子里的荒谬理论及自己的

① 亚历山大·波菲耶维奇·鲍罗丁（1833—1887），俄国作曲家。本职是化学教授，受巴拉基列夫影响而学习音乐。代表作品有歌剧《伊戈尔王》、3部交响曲、交响音画《在中亚细亚草原上》等。

② 莫杰斯特·彼得罗维奇·穆索尔斯基（1839—1881），俄国作曲家。自幼显露音乐才华，结识巴拉基列夫后便放弃军职并投入音乐创作。代表作品有歌剧《鲍里斯·戈杜诺夫》、管弦乐《荒山之夜》、钢琴作品《图画展览会》等。

才能。此外，他气质不佳，举止粗鲁，态度无礼，做事粗枝大叶。他和自己那位虽然不成大器却一贯优雅而有风度的朋友——居伊——形成强烈对比。同时，穆索尔斯基还要弄他的粗犷气，他以外行自诩，创作随兴之所至，盲目相信自己的才能是无懈可击的。不过，在他身上也的确显示出了真正的才能，而且不乏独创性。

巴拉基列夫[①]是这个小组的头号人物，但他在稍有作为之后就销声匿迹了。此人是卓越的天才。他长期以不信神自居，但某种命定的遭遇使他成为一名信徒，由此天才泯灭了。如今他把全部时间都花在教会、斋戒、祈祷和亲吻圣体上，此外就无所作为了。虽然他大有才华，但也做了许多错事，例如，他曾向里姆斯基-科萨科夫保证说不需要学习，

① 米利·阿列克谢耶维奇·巴拉基列夫（1837—1910），俄国作曲家、钢琴家。对俄罗斯民族乐派的发展做出重大贡献，1861 年起成为民族主义倾向的作曲家小组“强力集团”的中心，大力推荐俄罗斯作曲家（例如利亚多夫、格拉祖诺夫）的作品。代表作品有管弦乐《西班牙主题序曲》、交响诗《塔玛拉》、钢琴曲《伊斯拉美》等。

由此害了他。总的来说，他是这一引人注目的小组的全部理论的发明者，而这一小组曾经将那么多才能未得到发展的、错误发展的或过早衰退的人集结在一起。

以上是我对这几位先生的坦率看法。那么多有才之士，却不能期待他们真正有所作为（里姆斯基-科萨科夫除外），这是多么可悲的现象！而在我们俄国，不一向都是如此吗？如同强大的兵力被普列夫纳[①]的不幸幻影所阻，不能在辽阔的战场上施展应有的威力。不过这些力量始终是存在的。就拿穆索尔斯基来说，尽管不成体统，却使用了一种新的语言，他的作品尽管不美，却富有新意。所以我们可以期待，俄国有朝一日会涌现一大批开拓艺术新路的天才人物。我们的不成体统要比勃拉姆斯这样一类德国人在严肃创作中掩盖的、可怜的薄弱要强一些。他们毫无出路。我们应该相信，普

① 普列夫纳（也译普列文）是保加利亚北部城市，15 至 19 世纪被土耳其统治。1877 至 1878 年俄土战争中，土耳其军队在此据守 4 个月，俄军因无开阔地带作战而受阻。——译注

列夫纳终将陷落，这股力量终将显现，而目前做得还很不够。[①]

① 此信详细表达了柴科夫斯基对“强力集团”作曲家的看法。在评估此信时应该注意到以下情况：（1）柴科夫斯基和“强力集团”之间的关系经历了长期发展的过程，从最初的疏远到18世纪六七十年代的过从甚密，之后大大疏远，又在柴科夫斯基人生的最后9年里十分密切。此信写于双方完全断绝往来期间，当时柴科夫斯基只是间接地了解“强力集团”成员的活动。这在某种程度上能够说明，柴科夫斯基为何不顾事实地认为鲍罗丁技术拙劣。（2）就柴科夫斯基的艺术发展道路来说，他在19世纪70年代末创作了歌剧《叶甫盖尼·奥涅金》《奥尔良少女》、第四交响曲和第一组曲，当时他最不赞成斯塔索夫、巴拉基列夫、居伊等人提出的观点，尤其是不同意他们对传统歌剧形式的看法，以及对交响乐中的文学主题的要求。“强力集团”作曲家们当时坚持探索新颖的、独特的音乐表现手法，柴科夫斯基则认为这是“崇尚种种带刺激性的和声、离奇的配器和纯外在效果”（见1880年7月18至19日与莫杰斯特的通信）。（3）信中生硬、阴沉、气愤的语调，不甚连贯和显然矛盾的表述，与柴科夫斯基当年十分紧张的生活处境有关。——译注

# 我尊敬和爱戴所有诚实和有才能的音乐家

1888 年 12 月 26 日

弗罗洛夫斯科耶

[……]我参加俄罗斯交响音乐会一事在圣彼得堡音乐界引起了些许轰动。这几场音乐会是由一位名叫别利亚耶夫[①]的商人举办的，他是我们这里的一个音乐派别的热情拥护者，这个音乐派别自称为“新俄罗斯学派”，为首人士有巴拉基列夫和里姆斯基-科萨科夫。到目前为止，这一派别通过其优秀的代表人物引起了我的共鸣，但我不认为他们

① 米特罗凡·彼得罗维奇·别利亚耶夫（1836—1904），俄国音乐出版人。1885 年在莱比锡成立出版社，赞助过多场圣彼得堡音乐会。鲍罗丁、里姆斯基-科萨科夫、格拉祖诺夫、利亚多夫等共同创作了 16 首题献给他的弦乐四重奏作品，称作“星期五”（因每个星期五都在其家中举办音乐家聚会而得名）。

和我是同一类的。我始终力求用多种方式表明，我尊敬和爱戴所有诚实和有才能的音乐家，而不管他是属于哪个派别。我对巴拉基列夫、里姆斯基-科萨科夫、安东·鲁宾斯坦和纳普拉夫尼克都同样抱有好感，因为他们都是有才能的、真诚的人。我厌恶的是那些自命为天才并不择手段地吹嘘自己的无才庸人。因此，像居伊、索洛维约夫[①]先生这类人物是我始终格格不入和反感的。总之，我很高兴有机会公开表态，虽然，我十分厌恶的居伊属于所谓的“新俄罗斯学派”或“强力集团”，但这丝毫不妨碍我尊重和喜爱这个学派中的一些人，如巴拉基列夫、里姆斯基-科萨科夫、利亚多夫[②]、格拉祖诺夫等，并对自己和他们一同出现在音乐会上引以为荣。

---

① 尼古拉·费奥彭普托维奇·索洛维约夫（1844—1916），俄国作曲家、音乐评论家。代表作品有歌剧《复仇》，以及多首合唱、独唱、钢琴作品等。

② 阿纳托利·康斯坦丁诺维奇·利亚多夫（1855—1914），俄国作曲家。圣彼得堡音乐学院作曲教授，亦从事俄罗斯民间音乐研究。代表作品有音诗《魔湖》等。

# 旅行音乐见闻

## 意大利人的节奏感令我很感兴趣

1877 年 12 月 16 日

米兰

我从威尼斯带来一首十分动人的短歌。整体上，我在意大利获得了两个愉快的音乐印象。一个是在佛罗伦萨，我和弟弟晚间在街上听见一阵歌声。看到一群人，我们走上前去，发现原来是有个十岁模样的孩子在吉他伴奏下唱歌。他嗓音浑厚，完美动人的程度即便在真正的演唱家中也是少见的。十分有趣的是，他唱的歌曲内容悲切，出于儿童之口显得分外感人。

在威尼斯，有时晚上，一个带着小女孩的街头歌手会来到我们住的旅馆，他们唱的歌里，有一首我很喜欢。的确，这位街头歌唱家有一副很好的嗓子，还具备了所有意大利人与生俱来的节奏感。意大利人的节奏感令我很感兴趣，这和我们的民歌及民间演唱在气质上是完全不同的。

# 我终究是，而且永远是心向俄国的

1878 年 2 月 9 日

佛罗伦萨

饭后我在城里散步。多么美妙！温暖的夜晚，街上很热闹，商店灯火通明。在没人认识、没人关注自己的人群中，我多么愉快！意大利开始散发它的魅力了，那迷人的魅力逐渐占据了我的心灵。这里是如此惬意，如此生机蓬勃！

但是，不管我多么欣赏意大利，不管意大利现在带给我多好的印象，我终究是，而且永远是心向俄国的。您知道吗，亲爱的朋友，我还没遇见过任何一个比我更爱俄罗斯母亲的人呢。在您寄来的莱蒙托夫的诗《祖国》中，被出色描绘的仅仅是我们祖国的一个方面，即朴素、苍茫却自在而广袤的俄国大自然所包含的那种难以言传的美。而我更进一步，我热爱俄罗斯人、俄罗斯语言、俄罗斯人的心智气质、俄罗斯人脸庞的美、俄罗斯的习俗。莱蒙托夫直率地说过，“远古时代留下的珍贵传说”是无法触动他心灵的，而我甚至连这也热爱。[……]我曾经枉然地试图用俄罗斯人民或俄国大自然的某些特质来解释我的热爱。这些特质当然存在，但是一个人之所以会去爱，并非是受他所钟情的对象的美德的吸引，而是出于他的本性，因为他不能不爱。因此，某些先生们的作为令我深感困惑，他们打算饿死在巴黎的某个角落，他们带着某种欲念咒骂俄国的一切，并能毫无遗憾地在国外度过自己的一生，理由是俄国不够舒适。这些人令我嫌恶，他们践踏了我无法言喻的珍贵和神圣之物。

## 每个意大利人都是天生的好歌手

1878 年 2 月 20 日

佛罗伦萨

今天是狂欢节最后一天的前夕。大街上异常热闹，但与在罗马描述的那些日子相去甚远。许多换了装但未戴面具的男子走在人行道上，同声歌唱。[……] 绝妙的夜晚，气候温和，天空布满星星。美好的意大利！现在，走了一圈后回到家，我有种想和您谈谈的冲动，我亲爱的朋友。窗户正开着，在度过炎热的春季白昼后，我愉快地呼吸着夜晚的清新空气。我莫名而又甜蜜地想起远方无比可爱的祖国！那里仍旧是冬季。[……] 但当我想起俄国的冬季时，并非嫌恶，而是钟爱。我爱俄国漫长、持久的冬季。盼了又盼，斋期来了，随之而来的是春的迹象，突然降临的、透着无穷活力的俄国的春季是那么令人心醉！我多么喜欢那沿着街道流淌的融化的雪水，空气中可以感受到蓬勃生机，神清气爽！将以何等的热爱去迎接大地的新绿！白嘴鸦飞来了，在它们后面的是云雀和其他外来的夏日客人！［……］

您可记得，我从佛罗伦萨写的信中提到了一个孩子，晚间我听到他在街上唱的歌，他的美妙嗓音令我心醉。三天前，我喜出望外地又见到这个孩子，他再次唱起“为什么对我变心，为什么将我抛弃”（Perche tradir mi, perche lasciar mi）。我不记得有哪首简单的民歌曾使我如此动容。他这回还向我介绍了当地一首新歌，也十分动人。我打算再去找他，让他多唱几遍，好让我记下词和曲。这首歌大概是这样唱的[①]（我不知道歌中唱的“Pimpinella”是什么意思，但一定会弄明白的）：

---

① 信中提到的这首歌经柴科夫斯基改编，用于《6首浪漫曲》（Op.38）中的第六首，词由柴科夫斯基亲自译成俄语。——译注

这孩子真可怜！他的父亲、叔伯和其他亲属显然是在剥削他。现在碰上狂欢节，他从早到晚一直唱，嗓子会彻底毁掉的。相比于第一次听到他的歌声，现在他的嗓子已经有些发颤了。这种发颤给他异常动人的嗓音增添了新的魅力，但这不会长久。如果他出生在富裕的家庭，将来可能会成为著名的歌唱家。

总之，应该在意大利生活一段时间，才会了解它在声乐艺术方面的十足优势。这里在大街上随处可以听见出色的嗓音。此刻，我就听见远处正传来高亢的男声的歌唱。即便嗓音不算很美，每个意大利人都是天生的好歌手。他们有正确的发声方法，能用胸腔歌唱，而不像我们那样是用喉咙和鼻腔。

# 继续生活在不折不扣的冬季气候之中

1878 年 3 月 3 日

克拉朗

我们继续生活在不折不扣的冬季气候之中。雪已经连续下了三天，寒暑表在正午时分都指向零度以下。只有今天，天空几次转晴，虽然每次时间都不长，却让人对明天有了指望。暂时只能足不出户地在家等待。亏得有钢琴和十分舒适的住所，这种被迫的拘禁便不大恼人了。加上科捷克昨天来访，还带来多份乐谱，我们又弹奏了很多曲子。[……]

我们是这样安排时间的。八点起床。早茶后，如果天气允许，就散步片刻。之后直到下午一点半，我都关在屋里工作。我打算在这个月内完成一些小曲。这里工作条件很好，但到目前为止我还未能进入那种不需要任何自我努力而顺着内心要求便自然落笔的精神状态。为什么会这样？我不知道。最糟糕的是陷入不想动笔的状态，必须使自己振作起来，否则就不能前进了。我让自己无论如何每天早晨都做些什么，好达到良好的精神状态去工作。

午餐后到晚七点晚餐之间，我都会散步，因为最近这些日子不能出门，我就以奏乐代替散步了。我今天一整天都和科捷克奏乐，一会儿在钢琴上四手联弹，一会儿是钢琴与小提琴合奏。[……] 我太久没演奏和聆听好的音乐了，便以一种难以名状的愉悦心情投入其中。[……] 余下的晚间时光我会用来阅读、写信等。

## 我饶有兴趣地观察着合唱指挥

1878 年 5 月 25 日

布拉伊洛夫

今天是假日。我现在来到一座修道院。[①] 一大群人聚集一处，既有当地人，也有来自郊区的。[……] 今天唱诗班里有合唱队，我饶有兴趣地观察着合唱指挥：一位老修女，她有一张非常典型的、留着美貌痕迹的修女的面容。我想象了一个关于这位可敬老妇人的整个故事。唱诗班的有些声部是唱出了音高的，而且非常正规，可见这位老妇人是懂音乐的。她是从哪学到的？我对此非常好奇。

不等仪式结束，我就来到前院，那里是一片活跃动人的景象。我非常喜欢这里的民间服装。男子

① 柴科夫斯基于 1878 至 1880 年造访梅克夫人在乌克兰西部的领地布拉伊洛夫期间，游览了附近一座修道院。——译注

服装与其说是像俄国南方的，不如说是像波兰的，与基辅相比，他们的发式更完整地保留了古老传统；女士戴着美丽的头饰；少女头戴人造花朵编成的帽子，还加上了五光十色的装饰。几乎所有人都戴着漂亮的珊瑚珠串，[……] 盲人歌手弹奏着形状古怪的“里拉”，唱着赞美歌。盲人女士们也聚坐在一起合唱。[……]

# 很难设想会有比这更加理想的住处了

1878 年 11 月 21 日

佛罗伦萨

我亲爱的朋友，我难以用言语来表达自己对周围环境的满意之情。[①] 很难设想会有比这更加理想的住处了。昨晚我久久未能入睡，在这漂亮的寓所内来回踱步，享受着出奇的安静，心想，在我脚下是美好的城市佛罗伦萨，最后意识到，我就住在您附近。今天早晨我打开窗板，对这里更加着迷了。我多么喜爱佛罗伦萨郊区的景色！至于寓所，唯一

① 柴科夫斯基在同年 10 月 27 日寄给梅克夫人的信中写道："[……] 我决定 11 月 1 日离开此地［圣彼得堡］，在卡缅卡逗留一个星期后前往佛罗伦萨。谢谢您提议预先为我安排住处，我当然希望到达时已经有现成的住所，但恐怕会给您添麻烦。我需要的住所不大，主要希望能保证安静。我特别不想在工作时被其他人的音乐打扰，希望能给我找一处不与音乐家为邻的住所。我工作时不怕其他任何声响，但不能忍受乐声。请原谅我冒昧地提出对住处环境的要求。"——译注

的缺点就是它太好，太舒适了。我怕自己会被惯坏了。寓所的最佳之处是一个大阳台，可以不出门就在阳台上走动，呼吸新鲜空气。[……]

从卡缅卡到维也纳的旅途乏味而令人疲惫，而从维也纳到佛罗伦萨的旅途则令人愉快。在去维也纳的路上我曾患牙疼，而且身体也略有不适。我在维也纳休息了一下，曾打算顺路去威尼斯。这次意大利对我十分欢迎，完全是夏季的天气，阳光如此灿烂，空气如此清新、柔和！

今天我打算好好休息一番，安排一下生活，明天就要开始工作了。[……]

## 幸福生活的时光只有离开时才感到珍贵

1878年12月18日

巴黎

我亲爱的朋友！我是今天早晨抵达这里的。旅途十分舒适。记不清是否告诉过您，我患有一种被德国人称作“铁路旅行症”的病，在即将乘坐火车的前几天，我总是惶然不安，因为我不愿意乘坐拥挤的车厢，或是被对面的旅客盯着，或是被搭讪，我总是想方设法避开不相干的人。这次我和阿列克谢从佛罗伦萨到都灵乘坐的是包厢，从都灵到巴黎乘坐的是舒适的卧铺。离开邦恰尼别墅时的情景令人十分感慨，黑克托尔和别墅的其他员工都来亲切地送行。要离开久居的住所总是令人忧伤，我动身时心里很不好受。幸福生活的时光只有离开时才感到珍贵，我现在才意识到，在如此理想的条件下，在您附近度过的这奇妙的一个月，给我留下了何等美好的印象。一想起科利大道（Viale dei Colli），我便眼含泪水。

我很喜欢巴黎，但这里是多么喧闹、嘈杂！的确，新年将至，路旁出现了许多售卖新年礼品的摊贩，大街上加倍热闹。在邦恰尼别墅的那段安静日子之后，这成群的人和无数的车辆让我吃惊，甚至有些吓到我了。天气也很不好。在意大利时，离佛罗伦萨不远处，火车驶进了冰雪地带，晚间几乎需要披上皮大衣。火车驶过摩德纳后，我们又处于雨雾之中了，天气很恼人，常下小雨。

我将在巴黎停留几日，最多不超过一个星期，然后就去克拉朗，在那里安心地住到2月1日。亲爱的朋友，我在克拉朗的住址不变（克拉朗，黎塞留别墅）。我很想了解您的近期行程、生活安排、身体情况，如能发来电报，我会十分开心（巴黎，和平街，荷兰饭店）。

今天的歌剧剧目很差：上演的是我不喜欢的作

曲家琼西埃拉（Joncier'a）的那部失败的歌剧[①]。我决定去另一家剧院看看。

① 指两幕歌剧《贝尔塔皇后》（首演于1876年）。——译注

CHAIKEFUSIJI ZHI MEIKEFUREN SHUXINXUAN

**图书在版编目(CIP)数据**

柴科夫斯基致梅克夫人书信选 /(俄罗斯) 彼得·伊里奇·柴科夫斯基著；高士彦选译. -- 北京：人民音乐出版社，2023.9
ISBN 978-7-103-06628-7

Ⅰ. ①柴… Ⅱ. ①彼… ②高… Ⅲ. ①柴科夫斯基—书信集
Ⅳ. ① K835.125.76

中国国家版本馆 CIP 数据核字 (2023) 第 169116 号

责任编辑：张　斌　李文吟
责任校对：王　珍

人民音乐出版社出版发行
（北京市东城区朝阳门内大街甲 55 号　邮政编码：100010）
Http://www.rymusic.com.cn
E-mail:rmyy@rymusic.com.cn
新华书店北京发行所经销
北京隆昌伟业印刷有限公司印刷
787×1092 毫米　32 开　8.625 印张
2023 年 9 月北京第 1 版　2023 年 9 月北京第 1 次印刷
印数：1—2，000 册　定价：48.00 元

读者服务部联系电话:（010）58110591
如有缺页、倒装等质量问题,请与出版部联系调换。电话:（010）58110533